U0082964

推薦序

放手，該怎麼放？

有一天，家裡有老友帶著她的一對雙胞胎兒女來訪。老友提到，今年暑假的「功課」是兩個月內教會小孩騎單車（孩子們九歲了）。我的孩子大了，兩個孩子幼時先後都有學習騎單車的經驗。教孩子學騎，我算是教練老手了。

聽完，我瞠目結舌的說：「學騎車幹嘛需要用一個暑假？不就是個把兒鐘頭的功夫？」朋友面露不敢置信的表情，問我怎麼辦到的？我說：「你給我一個鐘頭，我給你全世界！」（當然是騎車的世界啦）於是我們一行人牽著兩輛迷你腳踏車去了小公園旁的一塊空地，我直接將兩輛腳踏車交給雙胞胎姊弟，很認真地跟他們說：「學會騎單車有一個祕訣，就是要會摔跤，大概……摔一百次吧，有些人更多次！現在，你們就開始騎吧！跌倒了，先看看自己有沒有流血、破口，如果沒有，繼續練就好。」接下來，我簡單說明關於如何煞車以及應付車輛傾斜時腳步如何著地的技巧。簡而言之，我教的是「跌倒」，而不是「避免跌倒」。

然後，我和孩子的媽媽坐在公園旁椅子上聊天，一邊欣賞孩子們學車與跌倒。剛開始，孩子摔跤會哭喪著臉，轉頭看我們，而我總是報以微笑與讚許；做媽的幾度想衝出去察看，被我偷偷拉住了。後來，他們就認真算起自己摔跤的次數了。孩子們在半小時之內，摔了三

十幾次之後，就已經可以連續騎上兩三分鐘了。我在他們準備飆車前宣布「課程結束」！

　　常看見父母教年幼的孩子騎單車。第一步，他們會抓住車尾，拼命跟害怕跌倒的孩子說：「我扶住了，放心，不會跌倒。」我總是想：為什麼不讓孩子知道「會跌倒」？為什麼不「放手」？

　　短短兩年，碧如已經要出版第二本書了。雖然書的內容並非歸納統整教育方法的「XX教養五十法」，而是發生在她的家庭，親子教養過程中的每日經歷；雖然沒有可供褒揚彪炳的碩果，反倒是充滿失敗經驗與自我反思的跌跌撞撞。但是做為一個在家自學生母親的角色，她誠實地告訴讀者：成長就是這一回事！（包括孩童的與成人的）

　　碧如的第二本教育書《放手後，教育才開始精彩》，是以六大策略來說明她近年實施在家教育的主要策略，包括：放手教育、適性教育、做夢教育、生命教育、生活教育、鷹架教育。她以那樸實無華的文筆，把看似流水般的生活場景、母女互動紀錄得絲絲入扣，毫無做作。過程中，她毫無掩飾遇到的困難、面對的挫敗。

　　好比說，碧如書中提到「放手教育」。是啊，崇尚民主教育的人總是暢談「尊重孩子」，總是呼籲「要放手」。但是碧如讓我們看見，當民主與尊重的布簾掀開的霎那，她的窘態、她的焦慮。然而，這難道不是為人父母者會遇上的窘態，集體的焦慮？

　　何時該放手？何時可牽手？如何放手，不致縱容放任；怎麼牽手，不算強勢主導？一直都是父母的難題。有許多父母因為放手後看見「混亂」的不安而紛紛棄守，但是碧如堅守信念，知道這是她該堅持的，只是還需要找方法。於是她跟孩子對談，接納自己與孩子的犯錯，看見問題，並找出解方。這就是我所認識的張碧如教授，一顆柔軟的心，如此謙和、勤學、願意放開框架。

　　看過碧如所寫的第一本教養書《勇敢走上不一樣的路：在家教育新手經驗談》的人，再閱讀這一本《放手後，教育才開始精彩》，一定發覺這是一個成長中的家庭，家中的每一份子正認真地活著，努力學著；而作者張碧如教授又「進化了」！當你翻開這本書，走進張碧如家，邀請你一起思考教育的本質、人的初心。或許，所謂翻轉教育，大人們得先翻轉經驗；面對孩子，同時想想，自己希望被怎麼看待？

　　讓我們一起被張碧如教授所噴發的熱情感染吧！

陳裕琪

主婦聯盟環境保護基金會　顧問

作者序

在完成第一本我們家的在家教育實施的書《勇敢走上不一樣的路：在家教育新手經驗談》時，我直覺已經找到最適切的教育方式，也就是透過「陪讀」來跟孩子一起學習與成長。那時我想，孩子未來的教育應該可以用這個很棒的方式繼續下去，而我也應該不用再過那種寫書用眼過多而老花度數增加，以及太過投入而經常面臨失眠問題的生活了。

然而，三年級後，發現局勢變了，變得遠遠超過我能想像。首先，大環境變了，包括我們決定在音樂班的音樂課程時返校，時間變得零碎，陪讀教育很難繼續；孩子變了，包括他開始有自己的想法、希望有更多嘗試及探索，也變得很難陪著他讀書；我也變了，我漸漸認為花時間及精力盯著孩子學習是不應該的，但真要放手時，還是有很多擔憂。在這些變動中，我還發現渴盼獨立的孩子開始會犯錯、生活習慣越來越不好、閱讀興趣還是沒建立，也開始在生活中遭遇失敗與挫折，然後才體會到，陪讀教育不是不好，而是孩子的成長實在有太多面向，陪讀似乎還是在認知及才藝學習的框架中，以及，仍是由大人主導。

就在局勢改變後千頭萬緒的問題出現時，我秉持「兵來將擋、水來土掩」的傻勁，一件件事慢慢處理，處理不好時就跟孩子道歉、有更好方法時就再補救或再來過。我不知道自己做得對不對，也經歷許多掙扎與自

我矛盾。在一段忙亂及充滿親子衝突的難熬之後，發現認知及才藝等專業學習似乎不再是我們家的教育重心，而在被局勢逼得放手之後，生活上的種種學習才接踵而來。原來跨出學習的既定框架後、原來由「陪讀」進入「陪伴」時、原來在放手之後，教育才開始精彩。

　　這本書在第一章的「在家教育的現況」的介紹之後，以六個章節的教育策略說明，來解釋我們家放手後的教育落實新樣貌，包括：透過放手讓孩子練習自主、透過適性的期待與要求來發展其潛能、透過做夢讓他的世界更廣大、透過生活議題的省思來體會生命的不同思維、透過生活細節的練習來訓練其生活能力，以及透過父母的鷹架來協助孩子達到更高層次的發展。希望就這些教育策略的理念與落實的說明，能清楚描述我們家小學三、四年級的在家教育情形。

　　未來，孩子會到哪裡已經不是我能預設的了。該做的、能做的，在這四年內都已經做了，沒做的，孩子似乎也可以接手了。我們努力陪伴孩子，就是希望有一天他能具備足夠能力，然後展翅高飛、離開我們。之前埋下的種子、之前提供的養分，似乎就要開始發芽了，而我現在能做的，似乎就是等待未來的海闊天空了。

　　希望這些年的心得，能與更多人分享。

張碧如

2017 年 8 月，於大武山下

目錄

第一章/在家教育的現況

　　這本書是紀錄我們家第三、四年（孩子的小學三、四年級）的在家教育現況，至於第一及第二年的在家教育經驗，已整理成專書[1]。為了提供閱讀本書的背景資料，本章首先說明我們的在家教育背景，之後就學習內容及教育策略進行說明。

第一節　背景介紹

　　本節的背景說明，包括我們的家庭，以及目前的在家教育狀況。

壹、我們的家庭

　　我生下淑惠（假名）時已經 41 歲多了，爸爸更是五十好幾；因為老年得子，對淑惠相當寵愛。家中是單純的三個人，教育方式只要我們夫妻同意就可以了。我們會盡量尊重淑惠、會與淑惠討論，在學習內容的安排上也會考慮其興趣與需求，所以是相當人本主義的。目前，我是在家教育的主導者，所以是依我的教育理念來落實。

　　我是職業婦女，在大學教育相關系所任職，專長在幼兒教育；開過開放教育、生命教育、教育概論、兒童文學等課

---

[1]張碧如（2016）。勇敢走上不一樣的路：在家教育新手經驗談。台中：鑫富樂。欲購買者，請洽作者：brchang@mail.npust.edu.tw。

程。早年曾對一個在家教育個案進行深入研究[2]，目前擔任高雄非學校型態實驗教育審查與訪視委員、屏東學校型態實驗教育審查委員等工作。先生是家庭主夫，基本上會提供教育看法、盡量尊重，並共同討論，但不會實質主導。我在忙、無法照顧淑惠時，他會全力配合接手。

　　在淑惠學習的家庭支持方面，爸爸的音樂素養不錯，有專業水準的吉他演奏能力。母親曾出國留學、父親曾長時間到各國旅遊，都可以用英文溝通。父親的時間很有彈性，他博學多聞、喜歡種花、騎腳踏車；母親大學是中文系畢業，碩士及博士學位均主修教育。夫妻兩人的溝通還算順暢，教育理念或做決定時的任何想法，都會彼此討論，也大多能取得共識。

　　淑惠是獨生女，民國 95 年底生（年尾小孩），從小由我們夫妻共同照顧，並未聘任保母。兩歲半時進入幼兒園，總計上了四年學校；未額外參加才藝課程，只是單純的快快樂樂上學和回家，適應狀況良好。小學一年級開始進行在家教育，三年級時考進音樂班，並配合音樂班的音樂課程到校上課，其他學習還是在家進行。

貳、在家教育狀況

　　我們家一、二年級在家教育的落實，可以大約分成幾個階段，包括初期消極教育的落實、積極教育模式的介入、易

[2]張碧如（2004）。教與學的另類可能－在家教育自主學習之個案研究。台北：五南。

子而教的開始，以及伴讀的辛苦與樂趣等。學習的內容，主要包括生活學習、自主學習，以及專業學習等三個部分。其中，專業學習算是教育的重心，包括媽媽設定的音樂、外語、人文素養等三個學習領域，以及孩子主動爭取到的舞蹈體能領域。詳細的教育內容，請參考《勇敢走上不一樣的路：在家教育新手經驗談》一書。

　　第一年在家教育時，我接了學校的行政工作，所以基本上淑惠每天就是跟著我到學校，然後一個人待在我的研究室裡。當時淑惠學會了使用網路，也沉迷於網路，所以學習成效並不好，但我因為忙碌，也無可奈何。

　　第二年，我卸下學校行政兼職，盡量每天早上陪淑惠上兩、三個小時的課，然後他可能跟著我到學校，或由先生陪伴學習，或到鄰居家玩，黃昏時則由爸爸接送到才藝教室，晚上我回家時再接手。如果學校沒課，也沒什麼行政工作，我還可能會待在家裡陪孩子。每天兩、三個小時的上課時間，我們很規律的互相陪伴、持續地進行學習，孩子的進步也相當穩定。

　　三、四年級時淑惠考進音樂班、配合回學校上音樂班的音樂課程，其他學習則在家進行。因為音樂課程是分散安排的（需到學校四天），時間被切割，陪讀的教育模式慢慢崩解，我對他課程上的引導變得很難進行。無可奈何下，我開始讓淑惠嘗試自主學習，也開始更多的生活教育。這段時間淑惠的自主能力還沒有發展出來，我擔心他的學習被耽誤，但又認為必須讓他自己來，所以經歷了許多教育理念上的衝擊與矛盾，以及教育落實上的挫折與失望，也讓這兩年（三、四

年級）充滿了非常多的親子衝突。在這段期間，我期望淑惠自主、允許他犯錯、同意再給他機會、接受無數個「再來一次」，但最後演變成我經常罵孩子、然後跟他道歉，然後又繼續罵他的奇特模式。

在長達兩年的來來回回過程中，我在遇到問題時會嘗試各種解決方法、會不斷地試圖從閱讀、從省思、從跟先生的對談、從對孩子的觀察中找尋更好的教育方式。這些嘗試過的種種，後來都覺得是不錯的教育落實，因此整理出六個教育策略。

三、四年級的在家教育，主要是運用這六個教育策略的過程。希望透過這些策略的說明，能解釋我們家的教育現況。此外，三、四年級的非學校型態實驗教育申請書、學習狀況報告書、成果報各書等，以及我們比較常用的教學資源，也放在附件中。

第二節　學習內容

一、二年級時我們的在家教育學習內容著重在自主學習、生活教育、專業學習。自主學習是我的核心目標，但可能是淑惠年紀還小、自主性不夠，進行的情形並不好。生活學習著重在禮貌及品德的養成，三個重要的提醒包括：要心存良善、要把別人放在心裡、要分享。淑惠的生活很單純，所以我的引導是很簡單、很基本的。專業學習是採用才藝課程及

父母陪讀的方式進行，主要包括音樂、英語、人文素養、體能舞蹈。

　　三、四年級仍承襲這三大學習內容，不過範圍有了一些轉變（請見表1）。簡單的說，淑惠的「專業學習」延續音樂、外語、人文素養、體能舞蹈等四大範圍，但是從陪讀轉換到慢慢放手，並經歷放手後的種種調適。淑惠脫離大人的主導後，大量依賴網路資源，進而開始了「自主學習」的練習，但因為自主性還未發展，學習成效相當有限。在放手後，我跟孩子的生活互動越來越多，「生活學習」的比重慢慢增加，似乎成為這段期間我們家的重要學習內容；而其執行，主要是利用對談引導、生活習慣練習，以及一起做夢等方式進行。

　　相較於一、二年級時偏重專業學習，三、四年級的自主學習、生活學習、專業學習的落實比重較為平衡。以下，僅就三、四年級三大學習內容的細節逐一說明。

表 1：在家教育的學習內容

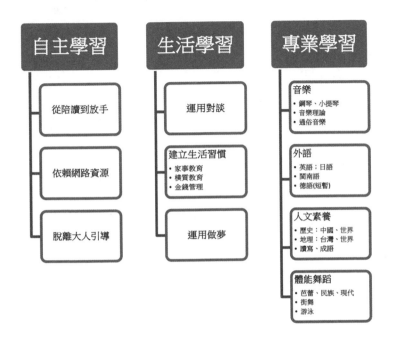

壹、自主學習

在一、二年級時，淑惠年紀還小、還沒辦法自主，所以我是以陪讀方式來強化其專業課程的學習。三年級之後時間變得零碎，我的陪讀減少，淑惠在沒有外在壓力、必須自己來的狀況下，學習專注力退步了，而主動性、持續性、自我控制等能力也都還不夠。我放手時，經常發現成效不彰而必須用陪讀來拯救，也必需提醒自己要放寬心、要接受這個「必然犯錯」、「必然沒有效率」的過程。

　　嚴格來說，這個階段不能算是真正的自主學習，頂多是讓淑惠有比較多的探索與嘗試罷了；而我，則在「放手」與「牽手」之間來來回回，經歷了擔心與自在的矛盾與調適，親子之間，也因此有許多衝突。

　　這兩年的自主學習樣貌，可以從兩方面來說明。首先，淑惠對閱讀的興趣一直不高，所以自主時間是大量依賴網路影片及教育平台的資源。淑惠有興趣的影片變來變去，比較穩定的是看公共電視節目[3]，以及製作史萊姆[4]、貓咪、素描、化妝，或其他「亂七八糟」的影片。淑惠還會找流行音樂來自己編舞，所以對網路的音樂資料也算熟悉。

　　四年級初發現淑惠有 150 度近視之後，開始限制 ipad 的使用時間，後來聽從眼科醫生建議，以桌上型電腦來替代，也開始提醒淑惠要愛護自己的眼睛。四年級下學期，我跟他介紹一些學習網路平台[5]，並作一些引導，但淑惠還是沒辦法主動，使用的頻率也不高。

　　其次，這段時間，淑惠越來越有主見，也試圖脫離我們的教導與關心，甚至試圖跨出我們的家庭世界，包括會自己安排「他的」朋友時間、會自己處理同儕互動的問題，以及表現出他想獨立、想突破的想法。

---

[3] 淑惠經常看的公共電視節目，請參考附件五。
[4] 史萊姆（英語：slime）是一種在電子遊戲與奇幻小說中常出現的虛構生物，其身體結構相當多樣化，從流動的黏稠液體，到半固體的果凍狀。淑惠製作史萊姆主要是利用膠水、刮鬍泡、生理食鹽水等調製，成為黏稠狀半固體，可以搓揉、玩弄。
[5] 淑惠比較常用的學習網路平台，請參考附件五。

　　淑惠堅持生活中要排入很多的「朋友時間」，而且會把自主時間發現的東西與朋友分享，所以他的朋友都跟他跳過舞、做過史萊姆，也都聽過他的貓咪經。他大部分的同儕互動都很好，但因為喜歡領導，如果遇到也喜歡領導的朋友，可能就會有衝突。他從來不談論同儕互動上的問題，都是自己解決。

　　在嘗試獨立方面，他會要求我們在自主時間、朋友時間不要進入他的房間，因為他（們）要做些「大人不同意」的事。他還經常做出超出我想像的事，例如為了做史萊姆而去購買硼砂（有毒的東西）、為了沉迷偶像學園而努力賺錢（一位在家教育媽媽希望淑惠教他孩子鋼琴，並同意給他一小時120元的學費），並慫恿不知情的爸爸開車載他們去百貨公司（偶像學園的遊戲台只有百貨公司有）。有一次他偷偷帶著跟他年紀差不多的兩位朋友搭計程車去百貨公司玩偶像學園機台，然後再搭計程車回來。他還透過網路，跟「朋友」交換偶像學園圖卡等。這些事情我們都有很多對談，也都做了很多處理，詳情請參考第七章。

　　我盡量尊重與信任淑惠，也盡量給他多一點自主時間、多一點自主權，但我也確實擔心及懷疑他在房間裡到底在做什麼，以及，他的這些冒險會不會太危險。所以，我會讓他做，也盡量不去刺探他的隱私，但會提醒他做這些事可能產生的後果，以及做這些事情的其他更好方法。

　　要自主學習，需要大人放手，但也需要大人適時的牽手，這是來來回回、大大考驗大人的過程。我的經驗是，要觀察、要等待、要保持彈性、要給予信任與尊重，更要容許孩子犯

錯，以及要對犯錯有正向的看法[6]。這是孩子成長必經的過程，卻考驗著大人的包容度、耐性及教育信念。四上期間，我經常忍不住的罵淑惠自主性不夠，卻又事後跟他道歉，可見困難的程度。大人的心理調適，是這個階段我這個當媽媽的重要功課。

貳、生活學習

父母的主導減少、正式課程的時間也縮短，所以我們的生活互動越來越多，生活教育的內容跟比重自然增加，甚至成為這兩年最重要的教育內容。其中，最重要的是對談的運用、好的生活習慣的建立、想像的鼓勵等。

首先，對談是我們生活中的重要學習管道。我會在日常生活中，透過持續的「對談」（或是理性的嘮叨）來提醒與引導淑惠的品德，並透過鼓勵及說明，來形塑其性格。為了增加對談的時間與品質，我要求淑惠盡量每天晚上 8:30 上床，9:30 睡覺（基本上是十點睡著），這段時間我們可以聊天、看書，可以看他跳舞，也可以就白天發生的事情彼此分享。另一個很棒的對談時光，是我們在聽到已經聽了兩年多的故事 CD[7]時，經常會暫停，然後談談對這個故事的感受或批判。

---

[6] 發現對犯錯的看法有性別差異。淑惠的爸爸非常重視安全性，我則較願意放手的讓孩子去冒險。跟朋友分享，發現爸爸們似乎都比媽媽們更擔心孩子的安全。

[7] 漢聲出版社的《中國童話》錄音 CD，是製作相當棒的故事。

透過這個過程，我可以告訴淑惠我的想法，淑惠也可以說說他的意見。

　　其次，四年級時，我開始要求淑惠要建立生活習慣，包括要協助做家事、要養成儉樸的習慣、要做金錢的管理等。淑惠還是需要大人在一旁提醒、還是會把房間弄亂，但他已經知道生活習慣的重要性，也知道房間弄亂是他的責任了。目前我只要求淑惠對自己的事物負責，但會告訴他分攤家事的重要性，尤其強調這是對家人的一種愛的表現。此外，我對生活習慣的要求不是基於「從小做、做到大就習慣了」的想法，而是希望他能因認同生活習慣的重要性，而願意養成，甚至維持這些習慣。

　　最後，我鼓勵淑惠去想像未來的生活模樣，或構思自己的夢想，希望能讓他對未來、對自己有更多想像，也順便培育他勇敢、逐夢踏實等性格。我自己有出國圓夢的經驗，所以在落實做夢教育時，會強調國際觀的建立，也會鼓勵淑惠構思未來到國外念書的可能。淑惠喜歡出國玩，但對未來還是沒什麼想法，我常常問他，也常常提出我對他未來的想像，但會強調，這是我的想法，最後還是需要他自己做決定。發現淑惠沒什麼企圖心，只想簡單、輕鬆地過日子，所以會想出國玩，但不想去念書。似乎這是這個年齡孩子很普遍的特性。

參、專業學習

　　專業學習主要包括音樂、外語、人文素養、體能舞蹈等四個面向。一、二年級時是以陪伴他的方式進行，三、四年級因為有比較多的學校及才藝課程，所以在家裡就慢慢放手，正式的陪讀越來越少。

　　音樂的學習是依學校音樂班的教導，我則盡量每天陪伴 40-60 分鐘的樂器練琴（鋼琴及小提琴每天各練習 20-30 分鐘）。外語的學習[8]繼續尋求坊間才藝課程的協助，我要求淑惠每周要另外自學（自己看外語卡通等）兩次，不過淑惠並沒有執行。

　　人文素養方面幾乎不再進行課程，只有斷斷續續的聽歷史故事 CD，以及每天晚上提早上床時隨意看看書、聊聊天，或我念故事給他聽。特別的是，不喜歡閱讀的淑惠，在四年級上學期末竟然說他開始有興趣了。就我的觀察，他其實是對知識的獲得有興趣，而不是真的喜歡閱讀，所以我訂購兒童月刊，讓他持續接觸各類知識。我還會就中國歷史、世界歷史、台灣地圖、世界地圖等內容，進行簡單的帶讀。不過，執行情形斷斷續續的。

　　最後，三年級開始每個月的補習費實在很貴，為了節省，體能舞蹈是以參加便宜的社區課程，以及自己找音樂、自己編舞的方式進行，我還會盡量陪淑惠去游泳，或去騎腳踏車。

---

[8] 外語的學習包括：英語原本一周四次課程（每次一個小時）縮減為三次；日文每周兩次（每次兩個小時）；進行約半年的德語課程，每周一次（每次 2.5 個小時）。

　　在這段時間我的老師角色越來越少、學習內容的要求越來越低、陪讀的時間也越來越短，淑惠似乎沒覺得有什麼不好。本來還擔心如果我不教，他就無法學習，後來發現，就算不教、就算他看起來也沒怎麼認真學習，但他的認字、寫字、知識與常識的表現並不會太差。此外，他的音樂跟外語能力在持續進步中，對舞蹈也表現出相當興趣。既然這些領域已經表現不錯了，在「不求多」的理念下，我也就沒什麼好擔心的了。

第三節　教育策略

　　在家教育的內容圍繞在自主學習、生活學習、專業學習等主軸上，其落實則有六大範圍，包括放手教育、適性教育、做夢教育、生命教育、生活教育、鷹架教育等。在此先簡述六大教育策略的落實內容及方法（見表2及表3），詳細的執行歷程與細節，則以每章一項的方式說明（請參考第二章到第七章）。

表2：在家教育六大教育策略的落實內容

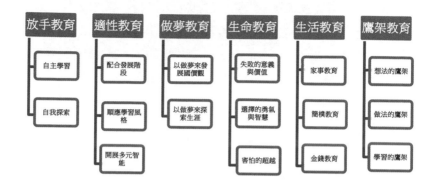

表3：在家教育六大教育策略的落實方法

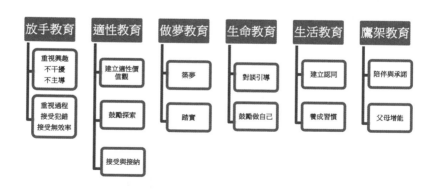

壹、放手教育

　　三年級開始，淑惠必須去學校及才藝班、時間被切割，我陪伴他學習的時間變得片斷，所以開始放手。初期，我們家的放手教育落實得很辛苦,但因為放手是自主必經的歷程，也是我期望的教育理想，所以我堅持著。

　　在放手之後，淑惠開始嘗試「自主學習」，我試著引導他重視學習的興趣，也盡量提供他足夠的投入時間，不做干擾也不做主導。此外，這兩年間淑惠有許多「自我探索」，包括先後迷上直排輪、街舞、史萊姆、偶像學園等。我試著引導他重視學習的過程，也對探索時的犯錯及沒有效率盡量包容。不管是自主學習或自我探索，孩子都不是一下就能自動自發，自主性的發展也不是一步到位，所以父母必須做好心態的調整。

　　四年級上學期，淑惠累積了很長時間的「不用功」，加上四上我們開始重視生活教育，在不用功、生活習慣也不好的雙重挫折下，我對淑惠有很多責備。四下開始，這種緊張比較少了,淑惠在自主能力及生活習慣上都有一點點進步(儘管還是不夠好)，而我也在翻天覆地的自我調適中，發現很多東西不學其實也不會怎麼樣，因而更具足了放手的勇氣。

貳、適性教育

　　體制教育的學習設計偏向太快、太多、太難，讓孩子學得很辛苦，可能還會因此對學習產生錯誤印象。所以，我希

望透過對淑惠的觀察，以及尊重個別差異的心態，來設定對他的要求。也就是，我希望能落實適性教育。

適性教育的內容包括三項：教育的設計要「依循孩子的發展階段」，不要太快或太難，以免產生學習是很難的錯誤印象，或失去對學習的自信。其次，每個孩子的學習方式都不一樣，為了讓他們用最擅長的方式學習，以便學得快樂、學得有自信，就需要「順應其學習風格」。最後，每個孩子的天賦專長都不同，傳統教育中重視的邏輯思辨能力外，很多天賦其實都很重要，所以要去「接納孩子的多元智能」。

為了讓孩子適性發展，大人首先要建立適性教育的理念，也要鼓勵孩子探索，最後還要尊重孩子的個別特質，給予尊重與接納。

參、做夢教育

我們家會落實做夢教育，是因為我本身是個築夢踏實的人，所以希望將這個做夢的力量傳遞給淑惠。在落實過程中，淑惠的「國際觀」逐漸擴大，也開始以做夢來「探索生涯夢想」，也就是淑惠開始用更寬廣的思維與眼界，來參與自己未來的想像。

築夢就一定要踏實，所以我是以身教的方式，讓淑惠看到踏實的過程。目前，「築夢」主要以對談的方式進行，並以兩次的實際出國經驗來進行「踏實」。

肆、生命教育

之所以會落實生命教育，是因為體悟到生命並不完美，因此希望訓練淑惠對生命議題的多元思維，並養成其勇敢、積極、超越等性格。

我們不是很有計畫地進行生命教育，而是在遇到事件時，才透過對談而提出彼此對生命的看法。幾個重要的議題包括：當淑惠鋼琴比賽失利時，我們針對「失敗與挫折」、「選擇與勇氣」等議題進行對談；當淑惠面對癲癇發作、害怕做夢、害怕老死時，我們針對「害怕的超越」進行說明。

我鼓勵孩子要有做自己的勇氣，也運用對談來引導。透過對談，不只孩子能知道大人的意見，我們父母也有機會聆聽孩子的想法。

伍、生活教育

一、二、三年級的生活教育，是著重在「要心存善良、要把別人放在心裡、要分享」的三大品德上的訴求。這些要求很簡單，淑惠似乎也適應得不錯。四年級開始，我們才真正開始重視生活教育，並把生活教育的範圍從對品德的關懷，轉移到對生活的重視。

為了落實生活教育，我要求淑惠必須做一些簡單的家事，尤其是要把自己的事處理好，並學習自我負責。我還希望他能養成樸實，以及能控制金錢花費的習慣。

一開始，我會跟淑惠溝通生活教育的重要性，我相信，建立相關的共識，會比只是讓他做到習慣要好。之後，我會透過提醒、放鬆、再提醒的過程，希望他能逐漸建立應有的習慣。

陸、鷹架教育

我發現，淑惠的想法不夠成熟，做法的經驗不足，學習的方法太單一，所以我會以我的經驗與想法來進行引導，並扮演鷹架的角色。在「想法的引導」上，主要是引導他要正向思考、獨立思考，以及要有同理心；在「做法的引導」上，主要是希望能填補他容易判斷錯誤，以及缺乏行動力的缺點；在「學習的引導」上，主要是協助他學習如何蒐集、閱讀及統整資料。

為了扮演鷹架，我在陪伴過程中會運用言教來說明，也會進行身教，包括我會努力的提升自我，並希望透過自我增能，來擔負起鷹架的重要工作。

以下將以六個章節來逐一說明這六個教育策略，希望能呈現我們家三、四年級這兩年的在家教育樣貌。

第二章/放手教育

本章目錄

　　聽說瑜珈中最難的一門課是放鬆，原來教育上最難的課，也是放手。在我們的陪讀生活被打亂，以及看了德國小學非常鬆散的教育設計的書之後，開始了我們的放手教育，並進入自主學習與自我探索的練習。

第一節　放手教育的體會

　　我們家三、四年級的在家教育，似乎是從放手開始。當生活節奏被打亂、當陪讀沒辦法繼續時，放手變成是勢在必行的教育方式了。

壹、陪讀生活被打亂了

　　二年級是我們家陪讀教育最穩定的階段。淑惠聽從我的引導，我們的時間最完整（我剛卸任學校的行政工作，還沒安排其他活動，所以時間很完整），淑惠也因此奠定還不錯的基礎，所以我自認為這是最好的學習方式。

　　三年級時淑惠進入音樂班，並配合學校的音樂課程到校，其他課程則在家進行。音樂課程分散安排，雖然每天只有兩到三堂課，但每周到校四天，加上還有英語及日語等才藝課，所以每天奔波在學校、才藝教室之間。當生活忙亂時，我希望淑惠要睡飽，加上他有很多想做的事，最後只好放掉陪伴他的上課時間，也開始了我們的放手教育。

陪讀生活被打亂後，因為我認為自主學習與自我探索非常重要，就想乾脆開始放手，並期望淑惠能擔負起自己的學習責任。放手初期，生活非常混亂，淑惠「看起來」沒怎麼學習，也不喜歡學習；我非常擔心，緊拉著「陪讀」來解救「學習成效不彰」。因為時間真的很零碎，淑惠不是很配合我對他的引導，他又沉迷做自己的事，所以放手初期充滿了挫折，以及充滿我這個當媽媽的自我矛盾。這個混亂期到四年級下學期時才稍微好轉，但直到四年級結束，我都還不能確定淑惠是否可以自主學習。

貳、放手可能性的體會

開始對放手不是那麼害怕，是體會到孩子的學習可能是沒有結構的、發現淑惠在某些方面已經可以自主負責了，以及省思我對他的期望可能太高。我安慰自己，我們已經沒什麼陪讀課程了，最差也只是這個樣子，如果現在的狀況我能接受，那就不用太擔心了。

一、學習是無結構的體會

在放與收之間掙扎了很長時間之後，四年級寒假前我突然發現，不管我放不放手，以及不管淑惠有沒有表現出用功的樣子，他的學習成效其實差不了太多，他都是一樣的過生活，一樣的慢慢累積其能力。我一直盯、一直罵，淑惠的學習成效也好不了太多；我沒盯著的地方，其能力也不會太差。也就是，孩子的學習歷程與方式可能跟我想的不一樣，他們

不必然如我們想像中，是透過認真或用功，或循序漸進的慢慢進步。

因為不再把注意力放在主導課程及規劃學習、不再把精力花在罵孩子、對孩子沒什麼具體學習行為也比較自在後，我反而可以把更多心神放在觀察孩子與生活引導上。之後更體會到，或許學習真的是沒有結構、沒有形式的，以及，或許是我被既有的經驗制約，擔心如果沒有照著「正確」的方法走，包括沒有「每天」用功、沒有「好的」習慣與態度，就會錯失學習的關鍵期。

二、孩子可以自己來的發現

有了這個體會之後，我開始回想，才發現在之前我不在意而沒有管到的地方，淑惠其實已經表現出「自己來」的能力了，然後體會到大人經常看不見，因而產生無謂的煩惱。

三升四的暑假我不知道學校有暑假作業，開學前淑惠自己處理完成；四年級「視唱聽寫課」每周有作業，我沒管，他在上學前也可以自己完成（總是在車上寫功課，但畢竟是他自己完成的）；英語課老師要考試，我不知道，他也會在上課前自己準備好，而且成績表現不錯。

我發現，我管的地方，他就賴著我，當我不管時，他怕出錯，就會自己來。原來，淑惠在某些地方已經可以自己來了，只是我放得還不夠，讓他可以依賴。

雖然有了這個體會，我還是不敢完全放手，到截稿前，也就是四年級結束時，我還是偶爾陪淑惠練琴、使用學習網站，或上課。到底什麼時候我才能完全放手呢？我不知道，

但我相信，只要學著看見孩子的優點，並調整心態的讓孩子慢慢來，孩子才可以完全自己來。

三、孩子還只是孩子的感觸

　　有時候發現，淑惠還只是個孩子，或許他根本不到自主學習的年紀，也或許他還不想自主學習、只想賴著媽媽。我是不是也陷入大人對孩子期望太快、太多的思維中呢？有一次淑惠很明顯的告訴我他想賴著我：

> 淑惠早上起不來，跟他耗了好久，覺得很累。我直覺他可以醒了，只是還在欺負我，所以說「不然你自己調鬧鐘、自己起來好了」，他說不要，他就是要讓媽媽叫。我知道他還是個孩子、還是喜歡撒嬌，但也發現，孩子是可以自己來的，只是還不願意。既然可以自己來，卻還是不願意，表示他可能還有依賴的需要。既然體會孩子不是不能，而是還需要我，所以在放手遇到挫折時就比較自在了。想想，現在他需要我，再過一兩年，可能就完全不需要了，所以我反而應該珍惜他現在的依賴。
> （2016.10.26）

　　此外，淑惠就是愛玩、就是不想負責任。如果接受他只是個孩子、如果能意識到他是在爸媽面前才這麼賴皮，在外面表現算不錯，那就接受他在家裡表現不好吧！或許，他不是做不好，而是撒嬌，或是不想在爸媽面前還要辛苦的當個「好孩子」，只想當個「自在的孩子」吧！

參、放手重要性的體會

2017 年 7 月 3 日，一個親戚的孩子（小淑惠三歲，男生，在此稱為小明）來家裡玩兩個禮拜。小明非常頑皮，又喜歡鬧淑惠，弄得我們全家昏頭轉向。打電話跟他家人說，他們無法相信，覺得小明平常雖然皮，還不至於太嚴重。之後，他們來接孩子時，看到狀況真的很嚴重，所以很嚴厲的打罵了小明，小明就真的變乖了。

有些孩子在父母面前乖乖的，但只要有機會就變得很難控制，這是因為父母用大人的力量把孩子的問題壓抑下來了，所以孩子看起來沒問題，但只要離開父母的壓力，問題就會以更大的力量宣洩出來。我覺得「讓問題出來」是很重要的，而這需要大人的放手，以及對犯錯有正向的思維。淑惠的很多問題我們都讓它出來，看到問題時才有機會跟他談，所以淑惠在家裡雖然很懶散，到外面的表現是還可以的。

由此可見，放手在任何層面上，都是很重要的。

第二節 放手後的自主學習

三年級開始我慢慢放手，才發現兩個重要的改變，包括淑惠進入了自主學習的「練習」，以及，淑惠做了很多的自我探索。其實，這兩個部分有時候很難區分，例如玩史萊姆到底是自主學習，或是自我探索就不是很清楚了。不過，兩者目的可以不同，所以就先分開說明。

本節先就放手後的自主學習進行說明，放手後的自我探索，則在下一節探討。

壹、 自主學習的歷程

落實自主學習的一開始，是充滿了挫折的，但因為我對自主學習理念的堅持，以及閱讀德國教育的書後的體會，讓我們的自主學習過程跌跌撞撞，卻還能持續前進。

一、放手初期的挫折

進入三年級後，我對淑惠學習上的陪伴越來越少，除了每天一小時的樂器陪伴練習，我們幾乎沒有正式的課程了。我開始放手，不必然代表孩子就能自主學習。在我放手的這段時間，淑惠總是有些狀況，讓我體會到自主學習能力不是天生的，而是需要很多次的來回練習。

既然要放手，就希望淑惠能完全自己來，但我發現他還沒準備好。

首先，他沒什麼企圖心、本來就愛玩，有時候好像鐵了心似的跟我耗，叫他彈琴，他就彈，沒催，就一副「賺到了」的表情，還會就練琴時間跟我討價還價；每次都是我發脾氣後，他才比較聽話的練習。其次，在讓他自己來之後，淑惠的生活習慣變得越來越差，包括衣服亂丟、吃完東西碗盤放著不收、房間亂七八糟的。最後，他使用網路的時間滿長的，四年級時發現近視150度後，開始限制他上網的時間。初期，只要我看不到，他就偷偷上網；我限制使用網路的時間，他

就討價還價，甚至會為了上網而謊稱他要在房間裡乖乖看書。

　　這樣的情形持續好幾個月，我已經精疲力竭了；三下快結束時，才知道淑惠壓根就沒想要認真。他說，玩才是他認為最重要的，加上喜歡逗我，會故意讓我氣得不得了。換句話說，我期望他自動自發，所以給他多一點彈性，但他根本不想自動自發，只是依賴我，而且還將「把我弄得很生氣」視為是一種快樂。在期望不同以及缺乏自主學習共識的情況下，我們一直在虛耗。

　　後來的幾件事，讓我覺得放手真的不是辦法。首先，四年級上學期的半年期間我變得非常急躁、經常罵淑惠，甚至幾次不管他自尊的說些很重的話，如，「你這樣就是壞小孩」、「你是個會說謊的孩子」等，親子關係相當緊張。淑惠好幾次提出我越來越愛罵人的抗議，我也提出那是他越來越不聽話的反駁。

　　其次，我似乎忘了要看淑惠好的一面。有一次淑惠告訴我他曾經很努力的想要表現好，但我都沒看到，所以後來他做任何事時都在擔心我會不會生氣，以及，都做好讓我罵的心理準備了。有一次淑惠到朋友家，朋友媽媽告訴我淑惠在他們家表現很棒，才意識到我已經很久都在淑惠的缺點上打轉，而沒去看他的好處了。

　　在這樣的混亂下，我真的覺得放手行不通，但又迫於時間被切割、生活的規律性不容易建立，專注或持續性都很難要求。我甚至因為期盼有完整的時間，而興起放棄音樂班的念頭（為配合音樂班課程，我們早上的時間變得很片斷）。

二、放手的堅持

　　我實際的放手經驗不好，但理性上又覺得不放手也不是辦法。

　　在我的職場中，看到有些大學生在體制約束下變得被動而懶散，深刻體會到抓著孩子造成的長遠傷害可能更大。如果放手遇到挫折就緊捉著不放、如果做不好就幫他們安排妥貼，孩子就沒有機會在你還抓著他的時候練習獨立、練習自我承擔、練習自我負責，等到他需要獨立時，可能會因為經驗不夠而頻頻出錯，甚至沒辦法獨立了。學習早晚要回歸給孩子，放手可能是最好的開始。

　　雖然我決定要放手，但放手的過程相當痛苦。我很擔心淑惠錯失學習關鍵期，所以經常在放與不放間迂迴。到底在家教育該如何進行，到底自主學習可不可能，到底我的期望會造成淑惠什麼樣的壓力，我真的越來越不知道了。

　　四年級上學期末，看到「自主學習促進會」網站中的一篇文章，提到自主學習能力與習慣的養成是一段從他律到自主的過程，讓我更能堅定地走在放手的路上。這篇文章提到，自主的過程包括四個階段：解放散漫、自我中心、眼高手低、自主成熟[9]。解放散漫期的孩子可能會放鬆、遊蕩、不上課、骯髒、玩不夠、不願意嘗試新事物等；自我中心期的孩子則愛頂嘴、自我中心、自私自利、挑戰權威、不守秩序；眼高

[9] 自主學習促進會。
https://sites.google.com/site/alearn13994229/a-03/xue-xi-zi-lue-si-jie-duan

手低期的孩子知道方向和目標，但想得到卻做不到，因此可能會有挫折；如果能度過以上階段，才能進入自主成熟期。

我仔細觀察淑惠的改變過程，並試著依循每個階段的特性來進行引導。雖然成效時好時壞，但這個訊息讓我更能堅持的繼續等待。

三、德國教育的啟示

三升四的暑假，看了《德國媽媽這樣教自律》[10]這本書，讓我體認到晚一點學習真的沒有關係，甚至體會，孩子童年玩得越多，可能越能發展出未來的學習能力。

德國教育成效卓然，而且在小學五年級時就進行分流，甚至發展出非常好的技職教育體系。然而，德國孩子一到四年級幾乎沒什麼課業壓力，玩的時間也非常長。爸媽不會幫孩子安排額外的學習活動，孩子寫錯字或作業沒寫時也不會叫他們修改或補上。這樣的「不管」，教育成果竟然不錯，到底是什麼原因呢？台灣高職一年級要進行教育分流時都覺得太早，因而有綜合高中的概念，甚至到大學畢業前，很多學生還是認為他們選錯系所，那麼，為什麼德國孩子在五年級時，就可以進行分流呢？

首先，德國教育的普遍觀點是，太早強行教授知識，孩子因為各方面都還不成熟、沒有思辨能力，很可能變成背書和讀書的機器。所以，德國一到四年級的小學生沒什麼功課

---

[10]《德國媽媽這樣教自律》這本書是開啟我關心德國教育的開端，而且寫得淺顯易懂、容易閱讀。

負擔，他們上午上課，下午則可以跟朋友玩，或根據愛好非強制性的學習鋼琴、繪畫、手工和體育等有關素質修養的課。

　　這種鬆散課程的設計我覺得有幾個目的。第一，孩子在玩的過程中，會發展出溝通協調、問題解決、資料蒐集、互助合作等能力，甚至可能訓練一些技能，如手工製作、手眼協調等，所以當五年級開始要用功時，這些基礎能力可以幫助他們更有效率的學習。而台灣，孩子還沒學會處理問題就開始用功讀書了，所以知道的學習方法就只有用功而已。

　　其次，這四年家長不幫孩子規劃，也不進行協助，因為老師需要真實瞭解孩子的發展、性向與程度，以便適切推薦進入下一個培育體制。因為是在沒有大人協助下自己成長，孩子玩的事物是自己有興趣的、玩的方式或內容是依循自己程度進行的，表現出來的成就也是自己達成的，所以老師可以清楚看到孩子的特質與程度，所以在五年級時，就可以建議生涯走向了。

　　更特別的是，德國父母非常務實，孩子不論適合走什麼路，他們都欣然接受，不像台灣受到「萬般皆下品、唯有讀書高」的思維影響，一面倒的希望孩子把「最好的東西」吞下去。

　　此外，在德國人的想法裡，學校和老師只是學生學習的一個部分而已，所以德國學生缺曠很正常[11]。德國教育認為，沒有自我摸索、缺乏自我學習習慣與能力的人，是無法光靠

[11]楊照（2015.12.24）。每天班上有 1/4 的同學缺席很正常？德國教育對「上學」的想法，跟台灣不一樣！2017 年 8 月 13 日，取自 http://www.businessweekly.com.tw/article.aspx?id=15067&type=Blog

上學、上課而得到所有的知識與能力。台灣則認定學習必須到學校，也必須有老師及課本，也就是太過強調體制教育的重要性。

想通德國教育的規劃理念之後，我體會到，就算淑惠五年級之前什麼都不學也沒什麼關係。認知的東西等到其他能力更成熟了再開始，可能更事半功倍，孩子也可以免除過早學習而有的挫折。

四、自主學習的現況

自主學習是我的教育理想，但一、二年級時很難落實，直到三年級陪讀生活被打亂才被迫開始。然而，自主學習的落實並不是那麼容易，而是要經過跌跌撞撞的。當我經歷了翻天覆地的想法調整、開始更多的放手之後，淑惠的主動性偶爾會出現，可能是他知道媽媽已經不可靠了，所以必須自己來吧！這時候，我發現一些神奇的轉變。

首先，當我越管越少，也比較少罵淑惠之後，本來不喜歡閱讀的他，四上結束前突然宣稱開始喜歡閱讀了。或許是他成熟度剛好到了，也或許是知道閱讀很重要，加上我不再要求（或者，我期望自己不再要求），他只好開始督促自己。

此外，本以為放手，淑惠就是沉迷於亂七八糟的網路影片，後來發現，除了這些影片，他還從喜歡看《流言追追追》公共電視影片（三年級），到沉迷《發現科學》及史萊姆的製作影片，以及會實際動手做史萊姆（四年級上學期），到迷上

Lis 線上教學平台[12]（四年級下學期），似乎他對化學很有興趣。如果不是放手讓他做自己想做的事，我可能不會發現這個我非常陌生的學習領域。

最後，淑惠喜歡舞蹈，沒事時會自己找音樂、自己編舞。本以為這些只是運動、只是淑惠的休閒娛樂，但一段時間之後，發現淑惠的舞蹈動作越來越成熟，對流行音樂的熟悉度也增加了。如果不是放手，淑惠就沒有機會泡在舞蹈與音樂中，也不可能將兩者做這麼好的結合。

貳、自主學習的方法

孩子自主學習該怎麼教呢？我覺得要先讓他們重視自己的興趣，之後，要提供足夠時間而不去干擾，最後，要讓孩子主導自己的學習。

一、引導孩子重視興趣

我希望孩子只學自己有興趣的東西。

希望孩子主動學習，那他所學的東西就必須是他有興趣的；當不喜歡所學的東西時，學習容易變得被動，自主學習的理想就更難達成了。所以，自主學習的第一步，是要引導孩子重視自己的興趣。

---

[12] Lis 是個很有趣，也很專業的化學教學平台。一些對我來說非常困難的化學名詞及概念，教學影片很清楚的傳達，淑惠也說他看得懂。我沒有確認淑惠是不是真的懂，但只要他有興趣持續看、只要他願意照著影片內容動手做實驗，就是最好的學習了。
https://www.youtube.com/channel/UCEjSMfRDks28MYaJ4iPkQMQ

　　然而，興趣不是那麼容易找到的，孩子的興趣更是變來變去。興趣的探索本來就需要一段時間，變來變去，表示正在探索。當每一次的學習都是自己想要的，不要的就換掉，那麼，當想換的都已經換掉了之後，留下來的可能就是興趣的所在了。

　　我會讓淑惠決定要上的才藝課程，當他說某個課已經變得沒興趣時，我會用一段時間確認，之後就會尊重他的決定。所以，這是一個不斷試探及捨棄的長期過程。

　　其次，除了找尋興趣，還必須創造興趣。我認為，對孩子的期望是「輕鬆學」時，孩子會因為學習是輕鬆的而開心的嘗試，但在新鮮感過去後，如果沒發展出相關能力及成就感，可能會喪失這個興趣，甚至會影響對學習的執著與自信。所以，我希望淑惠不要一次學太多，但只要是決定要學的，就必須認真，而且目標是必須發展出相關能力。所以，我不太讓淑惠參加短期課程，而喜歡一系列、可以進階的課程。我希望淑惠在辛苦付出後，除了可以體會付出的快樂外，還能因為成就感而持續這個興趣。

　　然而，就算目前看起來是有興趣的事物，也不見得是真正的興趣。有篇文章提到我們經常被假性志願給騙了[13]。假性志願是想像中、一廂情願的理想志願，例如，考高分的科目似乎就是自己的興趣，但事實上不見得如此。換句話說，興趣不是你擅長什麼，而是要找到你願意不斷投入的熱情。

---

[13] 蔡淇華（2017.3.22）。考高分的科目，就是我的興趣和志業嗎？別被假性志願騙了。2017 年 8 月 13 日，取自 https://flipedu.parenting.com.tw/article/3287

二、不干擾：提供孩子足夠的時間

　　大人經常干擾孩子而不自知，包括經常提醒孩子要「快、快、快」、或提醒他們忘了做什麼而打斷其專注，甚至，引導他們走一條你覺得是對他最好的路。其實，如果讓他們有所選擇，他們應該會希望能以自己的興趣與速度，來盡情享受充分時間的投入樂趣吧！大人也是，我們也喜歡做自己的決定；當投入一件事情時，我們也希望能有很長的時間不受干擾，那麼，為什麼我們要擔心孩子而幫他們決定，或進行干擾呢？

　　當大人不干擾孩子時，孩子就可以有完整、足夠的時間慢慢來，並用自己的速度沉迷在想做的事物上。所以，希望孩子學會自主學習，就要提供足夠的時間，並把大人干預的手、擔憂的心放開，這樣孩子才有機會開始其自主練習，並真正享受學習。

　　然而，在探索過程中，孩子經常花很長的時間東摸西摸，似乎沒有進步與成長，看起來也很沒效率，怎麼辦呢？台灣教育非常重視效率，但效率真的有效嗎？「老師教、學生學」就是一個很有效率的模式，但在老師很努力地把複雜的內容條理化、簡化成容易學習的方式後，孩子的主動性卻慢慢失去了。所以，有效率的方法是否真的有效，以及，在擔心是否有效之外，是否應該讓孩子去思考成效之外的其他學習，例如去享受過程、去享受與朋友的互動、去體會蛻變前的等待等。

沒有效率的方法，可能才是最有效的。去日本時，也有一個效率到底重不重要的質疑。

> 那時，觀光區的一位馬車伕用英語、一點中文跟我們熱情的打招呼（馬車夫的程度是很好的），當我們表明要趕下個景點、確定不會搭乘時，台灣人一定會重視效率的去招呼下一組可能的客戶，但這位馬車伕不是，他還是很熱情的跟我們聊，似乎很享受這種跟人的真誠互動，這也讓我這個觀光客留下非常好的印象。（2017. 1. 28）

我認為，重視效率不必然有效，因為在匆匆忙忙過程中，我們失去了什麼可能都不知道。

三、不主導：提供孩子學習的自主權

當大人不主導時，孩子就必須依自己的興趣、喜好來做自己的決定，因而可以學習做選擇、學習負責任，也就是可以練習他們的學習自主權。然而，我們大人經常認為自己是對的，又因為擔心孩子走錯路或浪費時間（換句話說，我們經常不信任孩子），很容易進行主導。

有些自我提醒，可以幫助我避免主導孩子的衝動。首先，我提醒自己孩子是獨立的個體，他的人生是他自己要負責的，我們只是陪他一段而已，所以他們有權利做自己的選擇。其次，我提醒自己我的想法不見得是對的，尤其在變化這麼快的世代中，很多事都超出我的經驗與想像。所以，讓孩子用年輕的腦袋來思考與規劃年輕的世界或許更好。最後，我告

訴自己，大人放手後，孩子才能接手；我們都是這樣過來的，孩子也一定可以。

讓孩子自己做決定，他們的決定一定是玩，那怎麼辦呢？總不能天天玩吧！對孩子來說，玩是最好的學習方式，所以，為什麼不可以天天玩呢？雖然，讓孩子天天玩對我來說也是很大的掙扎，但我至少在提醒自己玩的重要性。

最近看到一篇文章，提到太早熟、沒有玩夠的孩子，長大後會變得不喜歡學習。我之後找不到這篇文章了，但透過看這篇文章時的印象，讓我更珍惜淑惠愛玩的年齡。想想，國小階段孩子最重要的學習內容是什麼呢？除了閱讀，應該是溝通協調、合作互助、領導統御、創意、快樂等能力吧，而這些，應該就是在玩的當下、在同儕互動中透過不斷練習而獲得的吧！孩子的所有學習都應該是好玩、有趣的，只是我們大人讓學習變得不好玩而已。

此外，孩子總是愛玩，到底是因為孩子真的愛玩，還是我們沒看到孩子的努力呢？孩子希望自己能符合期望、會努力地去達到標準，但大人的標準總是在達成後提升，讓孩子疲於奔命，還可能因此失去自信。當我們用一個合理的標準來看孩子，會發現他們其實是很認真的。

因為有這些想法，慢慢的，我變成都是聽孩子的，他說看到什麼東西很好玩，我就開心的跟著看；他說什麼東西他畫了很久，我就陪著欣賞。然後發現，當習慣之後，不主導的生活真的更開心了。

第三節 放手後的自我探索

放手後，淑惠除了開始嘗試自主學習外，還有非常多的自我探索。自我探索是自我瞭解的第一步。現在很多年輕人不瞭解自己，可能就是在成長過程中缺乏足夠的自我探索。

壹、自我探索的歷程

在三、四年級這兩年，淑惠先後迷上花式直排輪、街舞、史萊姆製作、偶像學園等（他在一升二時，曾迷過《冰雪奇緣》影片、化妝、民族舞等，可見自我探索很早就開始了）。換句話說，他總是規律性的迷上某個東西，然後再轉換到下一個著迷。以下僅就這兩年來淑惠的自我探索進行說明。

一、迷上直排輪

小時候，淑惠對花式直排輪著迷到不行。二升三年級的暑假，我好不容易在台南找到師資，為了便於每天就近練習，我們到台南租了個小套房，住了六個禮拜。淑惠學得很有興趣，進步也很快。開學後，只能每周末去台南一次，其他日子要自己練習。淑惠堅持自己練了兩個多月，突然興致降低了，問原因，他也答不上來。我猜測，他喜歡跳舞，所以希望多學一個跟跳舞感覺一樣的東西，但發現直排輪鞋對他來說太重，加上到台南要交通奔波，又沒有同儕可以互相砥礪，所以興致很快就消失了。

　　我雖然難過，但也開心，因為孩子已經試探過了。如果沒有探索溜冰後發現這並不是他的最愛，他可能會認為沒有學溜冰是他人生最大的遺憾。現在，夢想破滅了，他可以勇敢的去找尋下一個夢想了。興趣的探索本來就不是一步到位的，趕快把錯誤的夢想消除掉，才能趕快追逐真正的夢想。

　　此外，我還發現，原來「不再繼續學」的決定，也是需要智慧判斷及勇氣表達的。淑惠知道我花了很多精力才找到這位教練，也知道我們花了很多錢在買鞋、住宿、交通、學費上，這些都是壓力。他最後竟然可以勇敢地說不，是相當不容易的。

二、迷上街舞

　　淑惠喜歡跳舞，二年級時他新認識的一位朋友邀他一起去一間舞蹈才藝教室，然後開始將近一年的民族、芭蕾舞等課程。三年級之後，他不想去那家才藝教室了，舞蹈課停頓，半年後突然說他的夢想是跳街舞，然後上了兩、三個月的街舞課後，就開始自己找音樂、自己練街舞。

　　對淑惠來說，跳街舞是個沒有支持及祝福、一切必須自己來的夢想。我覺得淑惠的肢體動作柔美，缺乏街舞需要的力量呈現；他爸爸不喜歡街舞音樂，也覺得街舞不算是真正的舞蹈。在爸媽都不支持的情形下，他以無比的雄心壯志來堅持，包括每天不斷的找音樂、自己編舞自己跳，我們也只好讓他去嘗試。

　　其實想想，迷上街舞也不是壞事，尤其當他在網路上找街舞音樂時，是可以把舞蹈跟音樂做結合的。我之後慢慢跟

淑惠說明他的力道不足，但很適合柔美的現代舞，終於，他不再單一迷戀街舞，而會把現代、芭蕾、街舞做混和。而我，也慢慢接受他愛跳街舞的事實了。

淑惠堅持要學舞，讓本來不重視體能舞蹈的我看到運動後淑惠身體變得比較好、吃得比較多、睡得比較長，身高體重也明顯增加等情形，因此理解到運動對成長中孩子的重要性。

三、迷上製作史萊姆

三升四年級的暑假，淑惠決定要照著網路上的影片來製作史萊姆。他要求我帶他去買膠水、刮鬍泡及相關用品，之後把家裡的碗盤、牙膏、洗髮精、沐浴乳等都搬到他房間，然後沒天沒夜的嘗試各種製作方法。

就這樣每天做、每天外出補充材料、每天房間弄得亂七八糟的。爸爸經常碎碎念，我也覺得受不了。我跟爸爸說，有人很羨慕我們的孩子有實驗精神，所以我們就包容一下吧，但對我來說，花一些沒必要的錢、弄得家裡很髒亂，又要每天聽他分享製作的快樂，真的很困擾。我不懂製作史萊姆有什麼好玩的，但因為淑惠喜歡，我盡可能尊重。

半年之後，在網路上看到一段解釋史萊姆製作原理的影片，才發現有一個 Lis 線上教學平台。在看了這個平台的影片後，四年級寒假開始，淑惠要求購買更多的材料，因為他要依平台上的說明來做實驗。

截至四年級結束時，淑惠已經沉迷史萊姆一年，也開始看 Lis 線上教學平台半年了，雖然斷斷續續的，但都還是持

續進行。到底他是對化學有興趣，還是單純的喜歡史萊姆的觸感我不清楚。反正他喜歡，就讓他去做，就當作是一個試探吧！

四、迷上偶像學園

淑惠在三年級結束前接觸到偶像學園[14]，並在四年級上學期中開始沉迷，後來發現淑惠跟很多朋友都在玩，才知道情形比想像中嚴重。

初期，淑惠會跟朋友躲在房間交流經驗，也開始用瞞的方式偷偷地玩，甚至會在未經父母同意下拿家裡的錢去玩，朋友之間也會因交換卡片而弄得不愉快。我發現後進行限制，淑惠的需求不能滿足，開始用已有的卡片、網路影片，加上美工能力製作出假的遊戲機，還滿有創意的。

限制一段時間後，淑惠看風頭過去了，再偷偷地玩，並透過網路跟一些人交換卡片，所以經常去寄信（所以很快就學會寄信了）。我提醒網路交友的可能危險，並幫他篩選，所幸交換卡片的多是國小、國中階段的孩子，相對較單純。

四下結束時，淑惠還是沉迷在偶像學園中，也依然以「成為偶像」為人生志願。我沒有禁止，但非常擔心。

---

[14]偶像學園是一種遊戲，機台在百貨公司裡有。玩一次 30 元，是描述小女生透過偶像學園的訓練而變成偶像的過程。玩遊戲時，會需要放入卡片，所以孩子會用自己重複或不需要的卡片跟別人交換。從某個角度來說，也是提早學習如何進行交易。

貳、自我探索的方法

在孩子自我探索時，我覺得比較好的教育方法包括：要提醒孩子重視過程、要接受孩子犯錯、要接受孩子的沒有效率。

一、 引導孩子重視過程

成功，是長期投入的結果，所以成功者都重視過程、享受過程，所以結果才能在不知不覺中出現。重視結果，容易變得斤斤計較、沒有耐性、心浮氣躁，因為結果總是來得特別慢；重視過程時，你會更容易專注，也可以把握當下的感覺，以及懂學習的快樂。所以，希望孩子能夠自我探索，就必須引導他們重視過程。

淑惠玩史萊姆一點效率都沒有，我忍不住會嘮叨，但也會告訴他我肯定他的投入，因為過程本身就會有收獲了。此外，事事追求效率，反而會錯失過程中慢慢來的美感，所以我也鼓勵淑惠不必追尋世俗對效率的盲從，而應該重視自己的感覺。

然而，孩子能否重視過程，跟大人的對待與引導有很大關係。我盡量不要只讚美淑惠的成就，而要讚美他的付出；我們家沒有獎勵制度，因為學習這件事是孩子的責任。當父母只是獎勵孩子的成就，他們會以為只有成功才值得被父母疼愛；讓孩子知道負起責任本來就是應該的、不能要求獎勵，孩子才不會只是為了結果而努力。

二、　接受犯錯

犯錯，經常是最好的學習。

我們抓著孩子，是因為怕他們犯錯、怕錯過學習的最好時間，但，如果學習的定義改變一下，讓犯錯也是重要的學習，那我們就不需要抓著孩子了。我們放手，孩子會犯很多錯、會走很多冤枉路，但透過犯錯及犯錯後的修正，才能慢慢清楚自己的興趣與專長，也才能培養做事情的能力。所以，不要責備孩子的犯錯，或許這些才是學習中最重要的部分。

在淑惠沉迷偶像學園過程中，我表達我的擔心，淑惠就開始隱瞞，因為怕我囉嗦吧！或許爸爸才是高人，他所有狀況都搞不清楚，只是傻呼呼地載淑惠跟他的朋友去百貨公司、讓淑惠利用。想想，淑惠能力不足，想自我探索的做些違反父母意願的事時，確實需要這麼一個傻呼呼、可以完全幫助他們（可以完全接受他們犯錯）的大人。

此外，我們要培養孩子不可漫不經心、不要虎頭蛇尾、要謹慎等特質，但也要培養他嘗試的膽識、選擇的智慧、放棄的勇氣。如果犯錯了、白花了錢就被罵，孩子會變得不敢嘗試，以及，就會開始用瞞的。這中間該如何拿捏，我是寧可淑惠多犯點錯的。

三、接受沒有效率

淑惠在探索過程中經常顯得無所事事、東摸西摸、沒有效率，甚至是浪費生命，所以放手讓孩子自我探索，對我來說是件很痛苦的事。

　　探索不是一次就能找到，經常要來來回回、走很多冤枉路。特別的是，這麼沒效率的過程，孩子卻非常自在、享受，才發現，大人習慣看到成效，孩子則懂得享受過程。淑惠可以玩史萊姆一整年，也沒看到什麼成效，也不知道做這些事有什麼用處，只是每天做完後一直搓，然後非常享受。而我，卻一直陷在「玩史萊姆對學習到底有何幫助」的笨問題上。

　　探索的過程是非常沒有效率的，所以要接受孩子探索是很大的挑戰。我盡量不主導（讓他能自我主導）、不干擾（讓他能夠投入），以及給他足夠的時間，但又擔心他是否會浪費生命。其實，探索本來就會花時間、就會沒有效率，但當孩子更瞭解自己、知道自己該往哪裡去，以及，當他逐漸在經驗中累積足夠的方法與能力後，就能以無與倫比的速度來進步。看到現在大學生快畢業時對自己的茫然，以及像無頭蒼蠅一樣亂闖亂撞，而且還沒什麼成效，就能體會盡早讓孩子做這些「沒有效率」的探索，可能才是最有效率的。

第三章/適性教育

本章目錄

　　該怎麼教，才是最好的教育呢？我用心的陪淑惠閱讀，但他並沒有喜歡上閱讀，才發現沒有任何一種教育方法一定可以達到目的，也沒有什麼教育方法是最好的。因為用心不必然能達到目的的經驗，我體會到教育不應該只從大人的角度出發，而應該要配合孩子的發展階段，並順應其學習風格及多元智能。也就是，教育應該要以孩子為中心，也必須是適性的。

第一節　適性教育的體會

　　對適性教育重要性的體會，主要是從我的孩子不喜歡閱讀開始。

壹、我的孩子不愛閱讀

　　淑惠的閱讀興趣發展過程，可以從下列幾個階段來說明。

一、學前階段我對親子共讀的用心

　　我在淑惠早期的閱讀薰陶上，算是滿用心的。

　　我本身對閱讀、寫作的興趣很高，在生涯發展上也因為喜歡閱讀而順順利利，甚至得到一個不錯的職業。大學時以中文系為第一志願，畢業後擔任三年專業文字編輯、文字創作等工作；在大學教書時，曾教過兒童文學、兒童閱讀、兒

童戲劇等課程，所以應該比很多父母都還要瞭解怎麼透過親子共讀及兒童閱讀，來奠定孩子成功的第一步。

　　在淑惠小的時候，我確實運用了學理所說的方式來進行親子共讀。我覺得親子共讀很重要，因為可以幫助孩子建立重要的閱讀興趣與能力；我覺得落實親子共讀不難，尤其可以利用逐字讀的親子共讀方式[15]。所以，在淑惠幼幼班開始，我就跟他進行親子共讀，而且度過了相當快樂的時光。我想，在如此專業媽媽的努力下，淑惠的閱讀能力應該不會太差吧！

[15]逐字讀的親子共讀方式：

　　雖然我的孩子不喜歡閱讀，我還是要推薦一下逐字讀的親子共讀方式（以一個兒童文學及兒童閱讀學者的角度來推薦吧！真是心虛呀）。

　　許多家長經常表示沒辦法像幼兒園老師這麼活潑的講故事，以及，晚上已經非常累了，沒有體力來進行親子共讀的活動了。其實，只要照著書上的字逐字讀出來，孩子就會喜歡，除了落實非常容易外，這對孩子的學習還非常有幫助。

　　首先，用逐字讀的方式，孩子可以享受故事情節外，還可以感受到文字的美感。繪本的圖很重要，它的文字更是千錘百鍊的成果，只是很多人都忽略了；如果能逐字讀出這些文字，孩子可以聆聽到文字的韻味與節奏，再藉由重覆聆聽，這些文字的美感還可能內化成孩子的一部分。大手牽小手故事團體重視的「演奏法」，就是逐字讀故事的方式；華德福不認同誇張的說故事方式，甚至認為這樣會讓孩子的想像及理解變遲鈍，這也是對表演故事的傳統方式所作的反思。

　　淑惠在幼兒園小班時，曾在課堂上講出一個超精彩的故事而得到老師的極大讚賞。原來，我平常跟孩子講故事時，是把書上的字逐字讀出來，因為每次讀的字詞都一樣，聽了幾次之後，孩子就把整個故事背起來了。

二、國小一到三年級的閱讀引導

國小一年級前的暑假，淑惠參加幼兒園幼小銜接課程，很快學會了注音符號。我非常自豪幼兒園時親子共讀的成效，因為淑惠的注音符號真的學得非常快。進入小學一年級後，發現他寫字寫得很辛苦，以及，似乎不會主動拿書來看；問他是不是不喜歡閱讀，總是說喜歡，只是當下沒有想要讀。

二年級初，淑惠終於承認他不喜歡閱讀，並自言，只要是超過 20 個字的內容就讀不下去，所以看的都是圖多字少的書，而《巧連智》是繪本以外他唯一喜歡的書。

為了提升淑惠的閱讀興趣，我耐性的持續引導，並做一些方法上的調整。例如，我購買年齡層較低的繪本、將閱讀內容簡化，以及，我會先解釋故事內容，或讓淑惠先聽故事 CD，之後再讓他閱讀，期望因為瞭解故事內容後，讀字的困難度可以降低。此外，我會強調閱讀的重要性、講述古人喜歡閱讀的成就等，希望淑惠能因為知道閱讀的重要性而重視閱讀。許多文章都提到「閱讀興趣是可以培養的」，所以我每次遇到挫折、鬱卒幾天後，就重振旗鼓，然後繼續引導。

儘管我這麼積極的進行閱讀活動，淑惠的閱讀興趣一直不高；我努力引導時，他就有興趣，沒有引導，他就完全不閱讀。

三年級時，因為回學校上音樂課，以及才藝課程比較多，時間切割得滿嚴重的，並沒有進行規律的閱讀活動，而淑惠也似乎忘了世界上還有閱讀這回事。一整年的時間，他幾乎不看書，連學習都變得不太積極；當我擔心到受不了、逼著

他閱讀時，他會在當下敷衍我一下，等我情緒過後，他又「不知不覺」的恢復不看書的日子。我不得不承認努力的成效相當有限，以及，要讓一個不喜歡閱讀的孩子變得喜歡，是相當困難的。不過，一個奇特的觀察是，他幾乎不閱讀也不寫字，我的引導也不多，但他的認字、寫字能力還不至於太差，真不知道他是怎麼學會的。

三、對閱讀教育的想法解構

在三年級快結束時（2016 年五月初），我買了一些我覺得很有趣的書，然後再次苦口婆心的引導閱讀。淑惠再次強調（因為我再度努力了），他知道我很努力，但他必須誠實，也就是，他真的不喜歡閱讀。

在心情極差的情形下，我詢問爸爸該如何處理這個問題，才知道從小功課很好的老爸原來也不喜歡閱讀。他說，學習的方式很多元，不只是閱讀；閱讀的目的是要獲得知識，所以任何可以獲得知識的方法都可以取代。他還提到，他小時候周遭有很多愛閱讀的孩子，其成績也沒有比較好，以及，一位我們共同認識朋友的孩子小時候書不離手，長大後迷上電腦，變得從來不看書。所以，閱讀可能沒有我想像的那麼重要，以及，喜愛閱讀的孩子並不代表未來的發展一定順利。爸爸甚至強調，聽覺的敏感度比視覺好，所以反而應該珍惜淑惠的聽覺學習方式。

爸爸的談話讓我非常驚訝，因為這跟我的自身經驗，以及我的專業立場非常不同。我個人是用閱讀來進行學習，所以以為閱讀是所有學習的基礎，以及以為閱讀對人生有至大

影響；我教兒童文學、兒童閱讀的經驗也讓我不自覺的肯定閱讀的重要性。到底閱讀的重要性為何，以及，我是不是被自己的經驗限制住，更被我的專業制約了？原來，要跳脫個人經驗、要超越個人思維，是這麼困難的一件事。

在挫折、懊惱、不知所措的三升四暑假，我開始思考之前聽過，但沒真正進入我們家教育實踐的「學習風格」。我發現，淑惠音樂、外語學習速度很快，是因為他是「聽覺型」的學習者，以及，因為不是視覺型的學習風格，就算我這麼努力，他仍然不喜歡閱讀。

此外，我也開始意識到淑惠像他爸爸，跟我非常不同。我是視覺型的學習者，語文敏感度強，音樂則完全不行；淑惠是聽覺型的，音樂性強，語文則興趣缺缺。也就是，我們的多元智能分布非常不同。

儘管重新思考過閱讀的重要性，我對淑惠不喜歡閱讀還是多多少少感到遺憾。我安慰自己，所有成功者都是找到自己的方向、自己的方法，以及，他們都不是樣樣俱備、五育均衡的。既然我的孩子音樂性很好，那就好好的朝音樂發展囉！

此外，一篇文章[16]提到，百萬富翁中有 40％是閱讀障礙者，這個比例是一般人口的四倍，這可能是因為閱讀障礙者不擅於注意細節，卻能掌握宏觀的整體性，也較能產出具原創性的觀點。所謂較能產生原創性觀點，我認為應該是他們

---

[16] 閱讀障礙與百萬富翁。2016 年 10 月 1 日，取自
http://blog.cnyes.com/my/wts30286/article966821

不喜歡閱讀、較少接受他人的想法，所以有更多時間來進行自己的思考，想法會比較獨特吧！

如果孩子不喜歡閱讀，就讓他找到自己的路吧！所以，我應該順應孩子的學習風格及多元智能，來進行我的期望與要求，好讓他用最擅長的方式來學習，以及學習最喜歡的事物，而不是陷在對閱讀興趣的期待中。

當有了這些思考，以及理解相關資料後，我的心情放鬆許多，雖然還是會為了閱讀而跟孩子拉扯，但程度降低了。從重視閱讀能力的培養，到接受淑惠不喜歡閱讀，我變得鼓勵他，但不期望他要喜歡，只要有基本能力來應付日常生活的閱讀需求就可以了，而這些，其實他已經具備了。

四、柳暗花明又一村

在三年級末體認到淑惠的聽覺型學習風格後，我轉變態度，決定接受他不喜歡閱讀的事實、尊重他的學習方式，淑惠也真的度過完全沒有閱讀的四、五個月後，在四上末，他姍姍來遲的說他好像有比較喜歡閱讀了。其實，他只是不會排斥看書、還是無法主動拿書來看，但也因此發現，勉強學習真的沒有必要，讓他以他的速度、進度、興趣發展，可能更有助於學習。

四下末，有人送我們一批書，又剛好有個親戚孩子來家裡玩、淑惠跟他會吵架，只好同意淑惠關在房間裡做自己的事。親戚孩子回去後淑惠提到這段時間他花了很多時間在閱讀《地球公民》雜誌，然後對閱讀更有興趣了。發現，孩子的閱讀興趣，經常在我們沒注意到的地方出現。

貳、閱讀教育的省思

在經歷淑惠的閱讀教育歷程後，我對閱讀的重要性、閱讀興趣的呈現都有了不同角度的思維，因此更體會到適性教育的種種。

一、閱讀重要性的另類思維

閱讀是所有學習的基礎，但孩子沒興趣，我需要強求，或者需要努力的協助他加強嗎？如果不加強，會不會很可惜，以及，會不會影響他未來的學習呢？問題是，我已經很努力的進行協助，也已經努力好幾年了，繼續下去，有可能改善嗎？

其實，閱讀的目的如果是要獲得知識、要陶冶性情，那麼，用聽的、用看影片的，或者實際去做做看，只要能達到目的，任何方式應該都可以。如果孩子是視覺型的，就讓他用閱讀來吸收知識；如果是聽覺型的，就該讓他聽；如果是動覺型的，就讓他透過做吧！不管是閱讀、聽故事或實際操作，都是媒介，重點是你學到了什麼，以及用什麼方式可以學得既開心又有成效。

然而，讓我不解的是，文獻中對閱讀重要性的肯定幾乎一面倒，為什麼呢？後來我想通了。有能力寫文章然後被刊登出來的人，應該是偏向視覺型的學習者，這些人都是因閱讀而受益、都體會到閱讀對學習的重要影響，所以當然肯定閱讀。換言之，只透過蒐集文獻經驗，會忽略視覺型以外的其他人的意見。

二、大量閱讀的另類思維

四下末，淑惠花了很多時間看《地球公民》，但我發現他對內容有印象，對細節卻並是不清楚。這讓我對閱讀，尤其是大量閱讀有了新的省思。

有人說，很多人不愛看書，是因為看不懂，而看不懂，是因為讀的書太少，導致理解能力無法提升，因此大量閱讀非常重要。這種將問題過度簡化的觀點，我並不認同。

首先，閱讀如果只是讀，而沒有批判與懷疑，那麼閱讀這個動作只是複製他人的經驗，就算大量閱讀，成效還是有限，這就是為什麼有些人很愛閱讀，卻沒有比較優秀的原因。我認為閱讀不應該只是花時間讀書，更不只是獲得知識的工具，而應該是一個思考的過程。

所以，我會請淑惠告訴我他讀了什麼內容，還會一起討論，並就資料不足的地方上網查詢。我相信，閱讀時不應只是被動的接受知識，而應該要有自己的判斷、要能將思考重組，更要有質疑、批判的能力。換言之，閱讀時思考的主動性，才是閱讀能否有效的原因。

有篇文章提到，訓練思考能力不是透過閱讀，而是要透過寫作[17]，因為寫作是主動的。教育成效很好的芬蘭，其孩子有很高的閱讀興趣，所以閱讀經常跟成功教育畫上了等號，但其實芬蘭的孩子不只喜歡大量閱讀，他們在閱讀中還會

---

[17] 劉恭甫（2016-03-14）。訓練「獨立思考」最好的方法是寫作，而不只是閱讀。2017 年 8 月 13 日，取自
https://www.managertoday.com.tw/columns/view/52205

「主動想、主動問、主動找答案」，換句話說，他們的閱讀是一個主動思考的過程。

目前國內推動的大量閱讀活動中，並沒有提供明確的閱讀方法，當有人花很多時間投入閱讀，或因此獲得「看了某個數量的書」的獎勵時，會以為自己有在學習了，而沒有意識到花費大量時間閱讀，其實是占用了思考及從事其他活動的探索時間。

閱讀不是花時間就有效的，它是意義的建構，而不只是吸收。

三、閱讀表現的另類思維

在適性發展思維下，孩子的閱讀興趣何時開啟，以及以何種型態開始，都不一定。

首先，我在十六歲時遇到一位國文老師而開啟閱讀方面的興趣，進而成為終身喜好。所以，晚一點才喜歡上閱讀，為什麼不可以呢？任何時間，只要是開始了，都不嫌晚，所以父母真的不用太心急。

其次，我期待淑惠能喜歡看書、能每天固定看書，但我自己就不是這樣長大的，閱讀上的興趣也不是因為規律的閱讀習慣就可以養成的，那麼，我在期待淑惠怎麼樣的閱讀行為呢？淑惠看書的速度超快，也不知道是不是真的看懂或看完，但他總是很有信心的說他看得懂、看得完。那麼，看書時間的長短，為什麼要變成判斷是否喜歡閱讀的標準呢？

每個孩子的閱讀狀況都不一樣，淑惠有嚴重的閱讀偏食，以及閱讀程度的發展比較慢。首先，淑惠願意看的書非常少，

他只喜歡《黃阿瑪的後宮生活》的系列書籍（包括《阿瑪建國史》、《後宮交換日記》、《被貓包圍的日子》等三本），以及《巧連智》雜誌、《地球公民》雜誌。所以，他不是能力不足，也不是沒有興趣，而是有嚴重的閱讀偏食（或者，閱讀喜好的主見比較高）。

其次，淑惠喜歡的閱讀內容，好像比學校及雜誌所訂定的適合閱讀年齡層要低個一兩年。淑惠對低他年級一兩年的《巧連智》有興趣，而在他四上結束前，我幫他訂適合小四以上孩子的《未來少年》雜誌，他完全不讀，改訂小一到小三的《未來兒童》，他看得津津有味。

如果我依社會的期待來要求淑惠的閱讀表現，他對「他的程度」的書是沒興趣的。我看了雜誌的內容後，也發現標示「適合小四以上者閱讀」的《未來少年》真的不適合小四學生，可能更適合國中的孩子吧！換句話說，台灣教育對孩子的要求可能太早、太快了，所以可能是非常不適性的。

四、適性教育的省思

在家教育過程中慢慢發現，孩子是怎麼樣的學習特色或學習狀況，大人能做的改變並不多；或者說，不是在短時間可以改變的。所以，與其大力的扭轉孩子，倒不如順著孩子的性子，讓他自然成長，然後再透過觀察，看到可以切入的點，來順勢引導。短期來看，適性教育的成效緩不濟急，但長遠來看，因為學習方式是適合他的、學起來會比較快樂，可能才是最好的方式。

我希望採用適性的教育方式，所以在淑惠成長過程中會盡量保持彈性，也會視他的發展與需求來調整我的教育落實，甚至在引導過程中還要盡量包容、順應。換言之，在淑惠閱讀興趣的整個發展歷程之後，發現適性教育才能讓孩子學得開心、學得有效果。

第二節 適性教育的歷程

從淑惠不喜歡閱讀而體會適性教育的重要性以後，我試著分析我的教育理念，並找出三個適性教育的落實，包括：依循孩子的發展階段、順應孩子的學習風格，以及接受孩子的多元智能。

壹、依循孩子發展階段

適性教育的第一個落實，是要依循孩子的發展階段。

一、孩子的發展階段

心理學上的發展階段論非常多，我最習慣使用皮亞傑（J. Piaget）的發展階段論。皮亞傑將兒童的發展分成下列四個階段：

1. 感覺動作期（sensorimotor，0-2 歲）：個體以感官器官來探索外界事物，並獲取知識。其特徵包括：不具有物

體恆存概念、時間知覺只限於「現在」、空間知覺只限於「目前」、初步知道方向與目的。

2. 前運思期（preoperational，2-7 歲）：個體能使用語言表達概念、用符號代表事物。其特徵包括：不具保留概念、不可逆性、自我中心主義，思維不合邏輯，不能見事物的全面性。

3. 具體運思期（concrete operational，7-11 歲）：個體能根據具體經驗及思維來解決問題，能使用具體物之操作來協助思考。其特徵包括：能理解可逆性與守恆的道理，以及具備移轉、排序及分類等概念。

4. 形式運思期（formal operational，11-16 歲）：個體開始會類推，有邏輯思維和抽象思維，並能按假設驗證等科學法則來思考問題的解決之道。其特徵包括：會做抽象思考，可將假設的可能性當作理論上解決問題的基礎。

淑惠在國小中、低年級時是在具體運思期，其守恆、可逆性、排序、分類等能力的獲得都需透過具體經驗，所以我盡量讓淑惠有真實的生活經驗，包括自己拿錢去櫃檯付錢、自己賺零用錢；聽故事而不只是說道理、看有圖的書等。至於比較抽象的乘除、分數，則會簡單的跟他談，只要他說不會，我就不教了。有些音樂上的抽象內容淑惠是聽得懂的，那麼就可以學了。所以，這些分期不是僵化而不可變動的，主要是要看孩子能否理解。

二、依循發展階段的省思

依循孩子發展階段之所以重要，是因為台灣教育太過擔心孩子、太把焦點放在孩子身上，以至於讓他們的學習偏快、偏難、偏多。也就是，台灣教育其實是相當忽視孩子發展階段的。

在這樣求快、求難、求多的學習氣氛中，許多學生對學習充滿挫折與無力感、對自己沒有信心，並認為學習是辛苦、困難、無趣的事情。有些學生因此變得害怕數學、放棄英文，或者被歸類為學習障礙者，甚至失去學習的熱情與渴盼。許多台灣人畢業後就不再閱讀、不再學習（工作上的專業書籍的閱讀與學習除外），可能就是在如此氛圍中對學習有了偏頗的印象。

在一個 TIMSS 國際評比（國際數學與科學教育成就趨勢研究調查，2015[18]）中，台灣四到八年級孩子的數學和科學學習成就相當高，但學習的熱情與自信卻敬陪末座，可見我們孩子在學習上的投入非常多，但在沒有壓力或要求後，繼續學習的可能性就降低了。

孩子在小學，其發展階段的個別差異非常明顯，其中，男生的發展比女生慢了好幾年（有研究提到國小階段男女生的發展差異，甚至達到六年），這讓「依循孩子發展階段」的原則更顯重要。

---

[18] 王韻齡（2016.11.29）。TIMSS 國際評比台灣學生數學、科學成績佳，熱情自信敬陪末座。2016 年 12 月 9 日，引自 https://flipedu.parenting.com.tw/information-detail?id=3465

孩子有其發展的階段與需求，適合他們，就可以學得快樂、學得有效率，也會對學習有正向、快樂的印象。所以，設定適合孩子發展階段的學習目標，給孩子容易達成的學習任務，他們就可以學得快樂、學得有成就感了。

貳、順應孩子學習風格

學習風格是孩子擅長的學習方式，如果父母或老師能找到孩子喜歡及擅長的學習方式，那他們就可以學得快樂、學得有成效了。

一、孩子的學習風格

學習風格的分類非常多[19]，最簡單也最常見的是依據感官來區分，簡稱為 VARK 模型，包括視覺型、聽覺型、閱讀型和運動知覺型。視覺型孩子擅長處理圖像資訊，聽覺型用聽的方式學得最好，閱讀型喜歡用文字來學習，而運動型或觸覺型則是透過觸摸和運動來學習。

1. 視覺型的學習者（visual：圖像型）是透過看圖片、圖表、流程圖和實際畫面等來幫助記憶及理解，也就是圖像等視覺教材可以增加學習效果。所以，在聽老師講課時，

---

[19]其學習風格，如依據左右腦學習來進行分類。右腦型又稱綜合型，是從全局來感知事物，在概念之間發現廣泛的差異（按照順序逐步呈現概念，再慢慢建構出要理解的概念）。左腦型又稱分析型，擅長從各個構成部分而不是整體來看待事物（需要先理解概念，然後再去關注細節。）

可以同時畫出圖像來幫助理解，也可以用顏色筆將要熟讀的重點圈出來，或加上圖像或符號來加強印象。

2. 聽覺型的學習者（auditory）是透過聽覺來學習，包括聆聽講解的吸收力快、喜歡討論及詢問、習慣用對話的方式來獲取訊息；喜歡音樂、具有傾聽者的特質；在吵雜的環境中容易分心。所以，在聽課時，可以用錄音帶來幫忙記憶；在閱讀時，可以唸出聲音來幫助理解，也可以把學習內容編成歌或順口溜；要盡量選擇寧靜的環境來進行學習。

3. 閱讀型的學習者（reading：文字型）喜歡透過文字來吸收知識，所以喜歡做筆記、喜歡把學習內容用自己的文字來重新組織。有時候覺得自己看書比老師講課的效果還好。所以，在課堂前後要自己看書，也可以盡量發表文字，如參加寫作比賽等。

4. 動覺型的學習者（kinesthetic）是透過肢體活動、動態或操作等方式來學習（如動手演練或角色扮演），喜歡電腦輔助教學，尤其是有遊戲成分的教材。其特徵是，大約知道任務後就會付諸實踐，但不喜歡坐在教室中，經常會注意力分散。所以，課堂中在不妨礙他人情況下可以做些小動作，如甩筆，啃指甲等；應盡量用電腦、實驗、考察、參觀或角色扮演等方式來學習，也就是盡量「動手做」來經驗所學習的內容。

我在網路上發現一個學習風格的測驗[20]，並讓淑惠試試看。我預期他的聽覺型得分應該會明顯最高，結果卻是四者滿平均的。這有點超乎我的預測，或許他也具備其他學習風格的能力，只是還不是很明顯吧！不論如何，我都會繼續觀察。

二、順應學習風格的省思

淑惠目前聽覺型的學習風格較明顯，因此我們運用了比較多聽覺型學習者的教育方式，來進行對淑惠的引導。然而，對於學習風格，我有一些特別的想法。

（一）台灣獨厚閱讀型的學習者

在對學習風格有更深入的瞭解之後，我發現台灣的教育設計，包括強調考試、重視閱讀教科書等，似乎比較適合閱讀型的學習者。

首先，閱讀型學習者會沉迷在書中，容易讓大人安心，所以他們不會背上「不用功」的黑鍋。此外，入學考試、應徵工作、申請資料，許多機會都需要閱讀能力，所以閱讀型學習者比較容易在社會中脫穎而出。當因為這些優勢而在社會中扮演重要的角色時，因為他的能力在閱讀，接受的教育也是如此，所以可能較難體會其他學習風格者的需求，而讓這個優勢的維持更為鞏固。

---

[20] 學習風格的測驗，是採用以下網路的測驗。
http://math.alearn.org.tw/%E5%B7%A5%E5%85%B7%E8%BB%9F%E9%AB%94/styleTester.html

　　每個人都應該運用其擅長的方式學習，而不一定要拘泥於視覺的閱讀。其實，閱讀型學習者在學校表現不錯，但在未來發展的預測就不一定了。很多學生在國小、國中時成績平平，進入職業學校、開始有實作課程後突飛猛進，可能是他們終於可以用他們的動覺型學習風格來進行學習，所以能力才凸顯出來。有些人在學校成績不好，畢業後越來越順，有些人在學時表現突出，之後卻越來越平淡，也可能是因為台灣教育體制獨偏閱讀型學習風格的原因吧！

（二）聽覺型學習者的教養

　　在實際觀察中，淑惠對老師的解說吸收很快、不喜歡看文字、喜歡問問題及對談，所以呈現了聽覺型學習者的特色。對淑惠來說，閱讀有點累人，聽聽故事、看看影片，何樂而不為？逼著他看書他就看，沒逼，就忘了這件事。

　　其實，聽覺型學習風格可能是個更多元的學習方式。首先，聽的資訊接受方式在洗澡、跑步、做家事的時候都可以隨時進行，所以是個更容易進行的學習方式。其次，知識寫在書裡很枯燥，經過人家的解說或轉錄，學起來較有趣，印象也更深刻。

　　所以，我似乎不需要在乎淑惠是否喜歡閱讀，也不必期待他是一個喜歡閱讀的人，相反的，我應該找更多影片或 CD，讓他利用聽覺的專長來進行學習；也可以跟他有更多對談，讓他有機會聽到資訊的解釋。

　　此外，因為學習風格會改變，我現在反而要好好珍惜淑惠聽覺的學習方式。

參、開展孩子多元智能

嘉德納（H. Gardner）的多元智能論提到，孩子有各種天賦，發揮其天賦是教育的最好方向。然而，在台灣教育下，擅長邏輯推理或語文能力者比較能被看到，因而讓具備其他天賦的許多學生失去學習的興趣與自信。人的天賦很多都是潛藏的，甚至一輩子無法被開啟；找到自己的天賦、找到自己的方法、利用自己的優勢，才能讓天賦起飛，也才是最適合孩子的教育方式。

一、孩子的多元智能

傳統的智力測驗可以測出邏輯推理及語文能力，這個智力可以準確的解釋學生在學校成績的好壞，但學生畢業後的成就與表現卻很難預測。所以，用這種單一觀點來說明一個人的智力是有缺失的。提出多元智能論的嘉德納認為，人類的智能至少有八種：

1. 語文智能（linguistic intelligence）是指口語及書寫文字的運用能力。主要包括對語言文字意義（語意能力）、規則（語法能力），以及聲音、節奏、音調、詩韻（音韻學能力）、不同功能（語言的實用能力）的敏感性。

2. 音樂智能（musical intelligence）是指察覺、辨別、改變和表達音樂的能力（主要包括對節奏、音調或旋律、音色的敏感性），以及對聲音的意義加以創造、溝通與理解的程度。

3. 邏輯-數學智能（logical-mathematical intelligence）是指運用數字和推理的能力，涉及了對抽象關係的使用與瞭解。主要包括覺察邏輯或數字樣式（pattern）的能力，以及進行廣泛推理、巧妙處理抽象分析等能力。

4. 空間智能（spatial intelligence）是指對視覺性或空間性訊息的知覺，以及把所知覺到的表現出來的能力。主要包括精確知覺物體或形狀的能力，進行操作或在心中進行空間旋轉的能力，在腦中形成心像及轉換心像的能力，對圖像藝術所感受的視覺與空間之張力、平衡與組成等關係的敏感性。

5. 肢體-運覺智能（bodily-kinesthetic intelligence）是指運用身體來表達想法與感覺，以及運用雙手生產或改造事物的能力。主要包括巧妙地處理（包括粗略與精緻的身體動作）物體的能力，巧妙地使用不同的身體動作來運作或表達的能力，以及自身感受的、觸覺的，和由觸覺引起的能力。

6. 人際智能（interpersonal intelligence）是指辨識與瞭解他人的感覺、信念與意向的能力。主要包括注意並區辨他人的心情、性情、動機與意向，並做出適當反應的能力。

7. 內省智能（intrapersonal intelligence）是指能對自我進行省察、區辨自我感覺，並產生適當行動的能力，此種智能使個體能知道自己的能力，並瞭解如何有效發揮這些能力。主要包括發展可靠的自我運作模式，以瞭解自己的欲求、目標、焦慮與優缺點，並藉以引導自己行為之能力。

8. 自然觀察智能（naturalist intelligence）是指對周遭環境的動物、植物、人工製品，及其它事物進行有效辨識及分類的能力。主要包括對動植物的辨識能力、從引擎聲辨識汽車、在科學實驗室中辨識新奇樣式、以及藝術風格與生活模式的察覺等能力。

二、開展多元智能的省思

我重視開展多元智能的原因，緣起於淑惠跟我有很多不同。我愛的東西，淑惠沒興趣，淑惠厲害的，我則完全不懂，所以在在家教育時，總是交織著我對他的讚嘆與責備－讚嘆他的音樂性怎麼這麼強，以及責備他怎麼這麼不愛閱讀。我們做了一個網路上的多元智能親子測驗[21]，分數的分布為：

媽媽：語文智能（19分）、內省智能（19分）、空間智能（15分）、人際智能（14分）、肢體動覺智能（12分）、自然觀察智能（11分）、邏輯數學智能（11分）、音樂智能（6分）。

淑惠：音樂智能（20分）、內省智能（19分）、肢體動覺智能（18分）、人際智能（17分）、自然觀察智能（16分）、邏輯數學智能（15分）、語文智能（12分）、空間智能（11分）。

從這些得分中發現，我最強的語文智能，淑惠的表現倒數第二，淑惠最厲害的音樂智能，我則是敬陪末座，難怪我又要讚嘆他，又要責備他了。我們的內省智能都很強，難怪

---

[21] 親子天下的多元智能測驗。
http://topic.parenting.com.tw/issue/2015forum/test.aspx

都愛講理由、都有自己的想法；我們的邏輯數學智能都很差，難怪都不想碰數學。在這麼多的不同下，我體會到多元智能的重要性，因此成為我們教育上的重要落實。

第三節　適性教育的方法

要落實適性教育，父母必須先建立對適性發展的認同，之後要鼓勵孩子以他們的發展階段、學習風格、多元智能來進行探索，最後，不管孩子的潛能在哪些，我們要完全的接受與接納。

壹、建立適性的價值觀

父母建立適性教育的價值觀，才不會盲目的比較與擔心，也才能務實地接受孩子的本質樣貌，而沒有過度的期盼。福祿貝爾[22]認為孩子具有神性，只要我們不壓抑、只要讓他有機會自己來，他就可以順利成長。在「自己來」的過程中，孩子可以用最適合他的程度與方式，來學習他最有興趣的事物，這可能才是最好的教育方式。

然而，對體制教育下長大的台灣父母來說，建立適性教育價值觀是很困難的。首先，台灣父母自己是在學得快、學得多、學得好的環境中長大，很容易以過去的經驗來期待孩子。依孩子的階段、風格、專長來學習時，孩子要精通某些

---

[22]　福祿貝爾是幼兒教育之父。

領域不難，但不一定可以學很多、很廣，這跟體制教育的思維與期待非常不同。所以，父母必須克服傳統的既定價值觀，並挑戰自己的自在程度，才能讓孩子接受真正的適性教育。

我以為我具備了適性教育的價值觀，直到淑惠一直無法喜歡閱讀，才體會到我還是在「期望孩子喜歡閱讀」的框架中，因而看不到孩子是以聽覺來進行學習。所幸在意識到問題之後勇於修正，才能讓淑惠更適性的發展。

貳、鼓勵探索

瞭解一個人的適性，必須透過多方面、長時間的嘗試，所以，要落實適性教育，就必須鼓勵孩子進行探索。

探索不是「嘗試一下」，而是要進入看看，才能知道是不是真的喜歡。每個人都有其天賦所在，很多自覺沒天賦的人，其實是因為學習設計不適合其發展階段、學習方式不適合其學習風格，使其多元智能沒有機會開展。也就是，讓孩子自由探索、嘗試是非常重要的。在德國，小學五年級之前每天有很長的玩樂及自己來的時間。在玩的過程中，孩子必須問自己喜歡什麼，然後試試看，發現不對時就放棄，然後再試試下一個喜歡；當這個歷程持續下去，孩子的學習階段、學習風格，以及各方面的能力，才能夠展現出來。

既然要鼓勵探索，那探索過程中的犯錯、沒有效率、浪費錢等，也是不可避免的。當初淑惠說他喜歡花式溜冰，我們買了雙一萬六千元的花式直排輪鞋，還到台南住了一個半月，之後卻發現這不是他真正的興趣。這個試探雖然花了很

多錢、花了很多時間，但如果沒有這個過程，說不定他現在還在想像花式溜冰的美好，以及遺憾自己未能嘗試。現在他知道了，就可以勇敢的再去嘗試下一個可能興趣了。

很多大學生不是很瞭解自己，可能是他們小時候被大人抓得緊緊的、沒有機會進行探索，也可能是大人「把錢花在刀口上」的信念，盡量避免孩子的錯誤探索。放手，孩子才可能自己來，也因為放手後的嘗試與犯錯，才可能對自己更瞭解，或者找到自己的路。

我很幸運的很早就看出淑惠在音樂上的天賦，但這也是經過多次試探的結果。直到現在，我都還不能斷定他就是要走音樂，因為他還在發展中，也還在探索其他發展的可能。

參、接受與接納

不管什麼樣的學習階段、學習風格、多元智能，接受孩子本然的樣子、接納他們探索過程中的種種、讓孩子可以做自己時，就是最適合他們的學習方式了。

德國的父母很特別，小學五年級進行分流時，不管老師建議孩子走哪條路，他們都欣然接受，因為他們相信，孩子做適合自己的事，是最有成效的。

但是，完全接受與接納孩子，似乎忽略了父母對孩子影響的重要性。所以，在尊重孩子適性發展的同時，必須在孩子及父母之間找出一個合乎道理的平衡點。林書豪父母[23]尊

---

[23]林書豪背後偉大的親情力量。2017 年 8 月 13 日，取自 http://www.epochtimes.com/b5/12/2/27/n3524427.htm

重他想打籃球的決定，但要求他必須同時完成學業，就是一個平衡孩子與父母想法差異的權衡之計。從沉迷偶像學園開始，淑惠就立定志向要當偶像，這是個我不喜歡的志願，但我必須尊重，也必須接受與接納這就是我的孩子。我只是提醒他，當偶像必須有才藝及內涵，所以先把才藝學好、把書讀好，才是邁向偶像的第一步。

第四章/做夢教育

　　做夢教育是一種突破自我設限，並透過做夢而將生命可能性放遠、格局放大的過程。

　　我們家的做夢教育，是在淑惠小學一年級我計畫到美國探視教授時開始的；當時淑惠還小、只能被動的接受我的引導，所以幾乎是我在做夢，淑惠只是陪著我。我經常會幫淑惠做夢，並將夢想告訴他，但也強調，這是我的夢想，在他還沒有夢想時就聽我的，等有自己的夢想時，我會尊重他。

　　做夢教育在淑惠的成熟度還不夠時就開始，所以是以我來主導、慢慢來的方式在進行。

第一節　做夢教育的體會

　　之所以會開始做夢教育，是源自我這個當媽媽的背景與經驗。簡單的說，我是個築夢踏實者，因而體會做夢重要性，並落實在我們的在家教育中。

壹、媽媽是築夢踏實者

　　我是個任性的人，或者說，我是個勇敢忠於自己的人。因為這個特質，讓我勇於做夢，也由於自己的落實能力很好，因而關關難過關關過的逐一完成我的夢想。

一、我的生涯探索

　　我小時候成績並不突出，和大部分學生一樣不知道自己的興趣與專長。國中畢業後依成績進入五專就讀國際貿易科，二年級時遇到一位轉變我人生的國文老師，從此沉浸在文學的美好中。國貿在當時被認為是很有前途的領域，但我決定插班被認為冷門的大學中文系，成為我人生第一次違背家人期盼，也違背社會價值觀的決定。之後，因為是在有興趣的領域中，我非常投入學習，也不覺辛苦；大學畢業後進入「錢途」不好的出版界工作，也非常享受。

　　在這個過程中，我發現興趣的重要性，也就是，當你是因為興趣而做某件事時，可以很投入而不覺得苦，其成效也會比較好。此外，我也體會忠於自己想法的可貴，當你走自己的路時，因為是自己決定的選擇，會更甘於負起責任，也會有更大的韌性來承擔。所以，在做人生決定時，最重要的是要找到自己的想法，雖然，這其實是很不容易的。

　　另一個感觸是，我到 16 歲才找到在文學上的興趣，可見興趣可能會晚到青少年階段才出現，甚至可能更晚，所以父母真的不用急，試著把眼光放遠，並維持孩子的學習興趣與自信就好。

二、我的出國壯遊

　　在出版社工作三年後，我 26 歲，在英文不是很強、還未申請到學校、經濟不允許，以及家人全力反對的狀況下，我獨自一個人到美國念語言學校，然後過關斬將，一路完成

教育碩士及博士學位，其中大部分還是用美國提供的獎助學金來支付學費及生活費。

　　我在台灣不是念教育的，很多教育想法沒有既定的框架與限制。例如，第一次接觸教育理論與實踐都是在美國、看過很多美國中小學的經營，也在美國一間幼兒園擔任長期義工，所以教育思維受到美國很深的影響。此外，我跟兩個教授家庭維持家人關係，在長期參與他們的家族生活中，觀察其為人處事的態度與原則，以及對人的尊重與信任。回到台灣工作後，感受到兩地教育及生活哲學的許多衝突，加上發現土博士及洋博士在思維上確實有所不同，更體會到留學經驗對一個人的重要影響。這些影響，讓我得以有能力檢視台灣教育造成我想法上的框架、省思台灣教育的許多限制，以及有助於我在思想上的解構。

　　我當時的狀況是很難出國讀書的，但發現，只要想法夠強烈，也願意勇敢逐夢，夢想是可能成真的。此外，我在教育思維上受到美國影響的經驗，讓我更肯定出國可以擴大視野、改變生命，也因此期許淑惠未來能出國，以及能具備國際觀。前幾年看到一篇有關壯遊[24]的文章，更加強了我的這個想法。

---

[24] 陳雅玲（2007）。放大你的格局，人一輩子要有一次壯遊。商業周刊，1004。2016 年 11 月 16 日，取自
http://archive.businessweekly.com.tw/Article/Index?StrId=24957

貳、對於夢想的省思

因為我的性格與成長過程，讓我體會到夢想的力量及築夢踏實的可貴。然而，對於夢想，我有一些省思。

一、夢想很重要

我認為想法很有力量，因為當有了想法，就有了方向；有了方向，就可以前進，並讓這個前進變成一種力量。

有個挑水跟挖井[25]的故事，是描述兩個樵夫，一個有挖井的想法，一個沒有。在每天下山挑水五年之後，有挖井想法的樵夫終於擁有自己的井了，而另一個樵夫還是必須繼續挑水的日子。換句話說，想法可以決定一個人的現在，也決定其未來。

要讓想法有力量，首先要敢做夢。所謂做夢，不是現實層面的考量，而是要基於更高層次的自我追尋、是超越現在可以想像的自我期許。夢想是天馬行空、現在看起來不可能完成的目標；許多很有成就的人，就是從小做一些不可能實現的夢想、然後把這些夢想落實的人。所以，想法很重要，要學會想像自己未來的樣子。

二、很多年輕人沒有夢想

現在的很多年輕人沒有夢想（他們比較重視小確幸吧），這可能跟他們從小課業很忙、沒時間做夢，偶爾做夢都被視

---

[25] 挑水跟挖井的故事。2017 年 8 月 13 日，取自
http://ibook.idv.tw/enews/enews391-420/enews402.html

為不切實際，因此被壓抑有關。許多大人會跟孩子說，等考上高中就可以做想做的事了，考上高中後要等到考上大學、之後再等到找到工作；終於等到可以做自己想做的事情的時候，因為年歲已長、因為能力沒有培養起來、因為現實距離夢想好遠，更是不敢有夢想了。

此外，現在年輕人可能連什麼是夢想都不是很清楚。例如，他們經常把「考上某個學校」的壓力誤認為是夢想，也把買房子或買摩托車這種生活目標當成夢想，他們不但不敢做夢，也不懂得做夢，只是把大人或社會對他的期望，或現實生活的需要當成夢想。

三、很多父母不教夢想

透過夢想，可以塑造人生，但很多人並不知道，甚至害怕孩子有奇特的想法、希望他們乖乖聽話就好。大人總是跟孩子說「要考上好的學校、要找到穩定的工作」，從來不會教他們「要找到自己的興趣、要找到遠大的夢想」，所以孩子的目標就是考上好學校、找到一份好工作，然後在二十多歲時人生目標就達成了。換言之，大人自己沒有夢想，教育孩子時，也從來不教夢想。

為什麼不教夢想？因為它代表冒險、代表不穩定、代表可能一敗塗地。一篇文章提到[26]，這是個「追求穩定，反而

---

[26]生涯規劃，不如個人策略規劃。Career 就業情報。2017 年 8 月 13 日，取自
http://media.career.com.tw/college/college_main.asp?CA_NO=357p034&INO=133

不穩定」的年代。早期的生活變化不大，穩定是值得追求的生活，所以找一份穩定的工作後，就可以順利的過完一生。然而，社會變了，在變遷快速的現代社會中，穩定工作其實是相對危險的。當你在所謂的好工作中安逸幾年後，當這個好工作變成不好的工作時（目前的金融業就是一例），你可能已經沒有能力去適應新的變動。所以，讓自己在不穩定環境中隨時準備應付變動，才能屹立不搖。相對的，當你是因為興趣而做你的工作時，世界變動了，你還可以繼續投入、還可以不斷深化，因為你對這個工作是有興趣的、是可以不斷追尋的。

最近聽到幾位大孩子家長的對談，他們都為孩子在二十多歲時找到安定、薪水高、工作少的職業而感到安心，還彼此羨慕著，可見這些想法的普遍性。換句話說，大人以其過去經驗來教育孩子，尤其是希望他們乖乖的、安定就好等想法，是有其危險性的。

四、父母應參與孩子做夢的過程

有個早期研究提到，華裔孩子之所以容易成功，是因為其父母對孩子有很高的期許，可見父母參與孩子夢想的重要性。孩子的經驗不足，當父母陪著做夢，夢想可以更多元、更實際、更超越；孩子有著大人的引導與陪伴，也可以更勇

薛雅菁。笨蛋，你還在做生涯規劃嗎?你需要的是生涯策略。Career 職場情報誌。2017 年 8 月 13 日，取自
http://www.student.ndhu.edu.tw/files/16-1007-7889.php

敢的去嘗試。換言之，父母的參與可以讓孩子有勇氣的去做夢，也在安全感的支持下，更能自信的看待自己。

此外，夢想不是想一想，或被激盪出來就好了，還要有精準的判斷與落實。淑惠的想法還是太天真，他的夢想是玩、是養很多隻貓、是做一輩子的史萊姆。這些想法我都聽，但我引導他去看夢想的其他可能性。例如，我希望淑惠未來到德國念書，所以我蒐集資料、找人討論、比較利弊得失、來來回回好幾次思考後，才跟淑惠討論。我還解釋是怎麼做出這些判斷的，也讓淑惠瞭解夢想不是隨便說說，或是亂七八糟想而已，而是需要很多的努力與方法。

唯有父母參與，才能做出這些示範與說明。

五、做夢教育應盡早開始

當沒有夢想，就沒有動力、沒有目標，久了以後，生命就變得平庸、變得缺乏動力，然後就更無法談夢想了。所以，做夢教育應該從小開始。我總是告訴淑惠我支持他做想做的任何事，也會陪著他更大膽地做夢；我希望他知道，不管什麼目標、不管這些目標能不能實現，我們都可以懷抱夢想的前進。

要注意的是，提早想未來其實也是有危機的。如果這個夢想不是真正的夢想，太早立定志向會讓自己在錯誤的目標中追尋，等到瞭解這些不是真正的夢想時，可能就錯失追尋夢想的黃金時光了。毛毛蟲故事[27]中的第二隻毛毛蟲，就是

---

[27] 「五隻毛毛蟲」故事中第二隻毛毛蟲的「蟲生目標」是找到一棵大蘋果。經過一番努力，終於找到這顆名為「台大」的大蘋果。

立定志向要考上台大，等他完成自己的夢想時，才發現台大原來並不是那麼值得追尋的夢想，但他已錯失了可以重頭再來過的機會了。

　　所以，做夢教育應盡早開始，而且要經常進行試探、調整，如此夢想才可能在修正中，逐步的趨向落實。

第二節　以做夢來發展國際觀

　　我們家的做夢教育分成兩個部分，包括透過做夢教育來發展國際觀，以及透過做夢教育來探索生涯發展的可能性。

　　我認為培養一個人的國際觀非常重要，尤其在這個全球化的世代中。為了培育淑惠的國際觀、讓他有適應不同文化的經驗，我們是以做夢來進行，包括外語的學習、世界不大的教導，以及出國的實際體驗等。

壹、國際化語言的學習

　　既然希望淑惠能有國際觀，而我自己又有留學美國的經驗，當然就是讓他學習外語了，這樣他才能具備世界觀的工具，其夢想才可能更無國界。

然後才發現它原來並不是最大的，因為它上面還有一顆名為「老板」的蘋果，是從「學徒」的樹枝才找到的，而這個學徒分支是他當年不屑於爬的一棵細小的樹枝。2017 年 8 月 13 日，取自
http://www.wagor.tc.edu.tw/doc/articles/0092.htm

　　淑惠很喜歡學習外語，學得也滿快的。一上末開始上英語才藝課，中間停半年多，目前已經會簡單的對話了；一下開始接觸日語，中間停一年多，目前似乎也學得很開心。四上快結束時開始接觸德語，也學得很有興趣，但因為是參加大人的課程，半年之後決定暫停。

　　除了上坊間的才藝課程，我們還會偶爾運用網路教材來進行練習，也會試著用英語做日常對談。去日本回來後，發現淑惠不敢用日文對談，後來聽一個過來人解釋，在全外語小團體課程中，因為經常在聽，聽力進步很快，但不是每個人都能說到話，所以說的能力進步有限。

　　我覺得有道理，所以開始跟淑惠用英語對話，也讓他唸出英文文章，以加強他說的能力；日文則因我無法對談，只能讓他念念文章。我認為先聽外國人的發音，然後將文章讀出聲音是學習外語的重要方法。一個自學 25 種語言的「語言神人」也有類似的想法，他建議[28]，每天固定跟讀 15 分鐘，聽一句、讀一句，務必讀出聲，並試著掌握旋律，就可以輕鬆地學會外國語言了。

貳、世界不大的教導

　　世界不大的教導，主要是透過幾個方式來進行。

---

[28] 廖雲章（2015.8.26）。自學 25 語「語言神人」自述：困難的不是語言，而是態度。2017 年 8 月 13 日，取自
http://www.cw.com.tw/article/article.action?id=5070353

　　首先，因為不希望淑惠的世界侷限於台灣，以及希望他能對世界有基本瞭解，我試著讓他接觸五大洲、六大洋及一些國家的名稱，讓他有世界不是很大的體會。

　　三年級開始，我會跟淑惠共讀《地圖》[29]這本書，讓他更瞭解國家的名字、位置、基本特色等；之後還會就世界地圖做對照，以加強其印象。我們會看公共電視〈下課花路米〉節目中介紹不同國家的影片，讓他瞭解一些國家的風土民情；其中最早接觸的是「德國環保之旅」（那時還沒想到要去德國念書）。再之後，我們找一些 youtube 裡有關世界各國的影片，慢慢發展對世界的概念。我們經常談論這些國家，也隨時到世界地圖找到這些國家的位置，淑惠自然覺得世界不大。

　　其次，我刻意定出幾個國家的點，希望淑惠能先深入瞭解這些國家。淑惠去過美國、日本，對這兩個國家有真實體驗，也都很喜歡，所以經常談論這兩個國家。淑惠是學音樂的，他的鋼琴老師留學奧地利，所以我們蒐集奧地利首都維也納，也就是音樂之都的資料。西班牙是爸爸最喜歡的國家，德國是我希望他未來去讀書的國家，我們也經常談論這幾個國家，甚至還規畫高年級時要到奧地利及德國遊玩。

　　最後，我會刻意把這些點的話題擴大。這些「點」的對談之後，我們還會對相關議題或鄰近地區隨便聊聊，所以，淑惠除了瞭解這些國家，也知道亞洲、美洲及歐洲，並慢慢擴大接觸的範圍。

---

[29]　《地圖》（台北：小天下）是一本世界地圖的圖畫書，寫得淺顯易懂，孩子自己讀的興趣不高，在引導下則非常喜歡。

　　例如，從日本，我們談到東北亞，然後拉到東南亞，並開始聊東南亞的幾個國家與特色，並解釋我們國家目前在推動的新南向政策。2016 年巴西足球賽時，我們在地圖上找到巴西的位置，並說明我對這個國家的印象，然後聊到從巴西怎麼到美國，以及談到南美洲與北美洲的地理位置。新聞裡報導 ISIS 槍殺人質事件時，我們會去找其發源地伊拉克跟敘利亞[30]，然後談論回教與基督教對立的原因，以及猶太教、基督教、回教的一脈關係。難民事件中，我們談到大量難民突然湧入一個國家可能造成的問題，並說明難民移動的可能路線，甚至談到西亞與歐洲、非洲的地理位置。

　　這些對談，讓淑惠瞭解這些國家都不是太遠，也有一些關心國際局勢的練習。

參、出國來強化國際觀

　　出國的行動可以強化淑惠對國際的觀察與瞭解。淑惠總計出國過兩次，一年級升二年級暑假到美國三個禮拜，以及四年級寒假到日本 10 天。這些出國經驗，讓我們對不同國家有深刻的瞭解，也更能比較台灣與這些國家的異同。

　　一升二的暑假去美國時，住在我的老師家，未有任何旅遊行程，但深入瞭解了美國的生活型態、體會美國人的特性、看到美國大學的樣子，還交了一個美國朋友（儘管他們之間幾乎沒有語言溝通）。之後淑惠經常提到懷念美國的種種，所以我們決定有機會再去。

---

[30]　ISIS 的全名是 Islamic State in Iraq and Syria

去日本時（四年級寒假），淑惠的年齡較大了。去之前，淑惠已經從「艾琳的挑戰」學習網[31]中瞭解許多日本文化。在實際旅程中，我們經常就日本的印象進行對談，也比較了兩個國家的異同優缺，包括體會到日本人對工作的敬業、禮貌，以及不會功利等感覺。回國後，淑惠提到他很尊重日本人的踏實與認真，所以更喜歡日本了。

因為去過美國和日本，當我們談到未來去這些國家唸書的可能性時，淑惠是有想像的。

第三節 以做夢來探索生涯

在第二章放手教育中，生涯的探索是透過大人放手、讓淑惠有機會嘗試自己的興趣，並在一次次錯誤及修正中，慢慢瞭解自己的興趣及可能的生涯發展方向。在做夢教育的生涯探索方面，則是以更積極的角度，也就是鼓勵淑惠以做夢，以更大膽、更宏觀的目標來設定其生涯方向。希望淑惠在做夢及生涯探索的過程中，能形塑其冒險、勇敢、超越的性格。

在生涯探索的做夢教育方面，我們是從不斷對談未來的志願、對談出國的夢想開始，並以共同規畫未來的學習等方式在進行。

---

[31]「艾琳的挑戰」是日本國際交流基金會的一個學習網站。2017 年 8 月 13 日，取自 https://www.erin.ne.jp/zh/

壹、談夢想中的未來

我經常問淑惠未來想做什麼、會讓他選擇要上的才藝課程，也鼓勵他隨心所欲地設定未來的規劃。談這些，主要是希望他可以用做夢的方式來思考未來，並因此有更寬廣的想像。

一開始，淑惠對未來沒什麼想像，對未來工作的想法也不多；所提的工作都是跟生活經驗有關，如，想當保母，因為想把所學的才藝通通教給孩子；想當寵物保母或開寵物店，而且只賣貓，因為他太喜歡我們家養的那隻貓了。我希望他未來當音樂家，或舞蹈家，或畫家，但他表示不想那麼辛苦。

此外，我們還討論如果要實現未來的夢想，現在可以做的事有哪些。他說想當保母，我們就談論屏東科技大學幼保系的狀況，還上網找了資料；說想當動物保母，我們就找屏東內埔農工野生動物保育科的資料；之後看到 Taipei Media School[32]招生海報，我們討論未來從事視聽表演藝術的可能性，以及找到南部樹德家商 105 學年度新設的表演藝術科的資料。有一段時間，淑惠說他未來想做服務人群的工作，而且是到國外的落後國家，所以我們尋找國際志工的資料，才發現他的年紀還小、還不符合擔任國際志工的條件。

在這個尋找資料、探索未來可能性的過程中，多是我在主動，淑惠只是在一旁看，或片斷說出他的想法。但，透過

---

[32] Taipei Media School（台北影視音實驗教育機構）是台北一個機構辦理的實驗教育，由一群在家教育家長及學者專家共同籌辦。https://mediaschool.taipei/about_us.php

這些對話及一起找資料的過程，淑惠確實有機會思考未來的志願。

　　不像一、二年級時可以隨口說出很多未來的志願，淑惠現在反而很少說了。我想，他開始知道未來志願不是想到哪裡說到哪裡，而是需要一些規畫與落實的。

　　淑惠目前還沒什麼具體志願，我則很矛盾。淑惠在音樂上的天分較明顯，所以我希望他未來成為音樂家，以及有出國念音樂的規畫，但又擔心音樂當工作太辛苦，希望他未來走音樂相關的工作就好。此外，淑惠目前無法吃苦、未來想成為偶像，所以古典音樂確實也不是很適合他，所以未來會怎麼走，真的不是很清楚。

　　不管是擔心或規劃，這些都是我的想法，未來還是要等待淑惠更成熟後，再來自己決定。

貳、談出國念書的夢想

　　我和淑惠針對出國念書的議題，有過許多對談。

　　首先，淑惠看「流言追追追」節目時，我提到主持人翁茲蔓小姐是台大畢業的，然後談到台灣大學是台灣最好的大學。之後，我們找尋世界上最好的大學，以及世界音樂學院排名等資料。我們發現，排名前面的音樂學院多在美國，其次是德國，然後我跟淑惠說明到美國及到歐洲讀音樂我想像中的差別。換言之，我會就到國外唸書的種種可能性跟淑惠對談，希望透過出國念書的夢想，讓淑惠勾勒未來生活的可能樣貌，因而更具世界觀，也對未來有更多期盼。

　　有時候我會提醒淑惠要學習做蒸蛋及煮飯，不然未來他出國念書怎麼辦。現在他只會簡單的煎蛋，距離出國念書也還很遠，但類似的對話卻經常出現在我們之間。

參、參與學習的規劃

　　為了讓淑惠探索興趣與專長，我還會讓他參與自己的學習規劃。四年級開始，我們在每學期開學前都會對這學期想學什麼進行討論，我會提供很多建議，淑惠則只是在裡面挑，然後「很有主見」的做選擇。

　　此外，我們也會就國中或高中的學習規劃進行討論。我跟淑惠說，小學階段要好好讀音樂班，等到國中或高中，要不要讀，以及要做什麼，我則盡量尊重。此外，我還會經常給他些亂七八糟的建議，如，國中要不要改讀舞蹈班、要不要乾脆回到體制，或高中要不要先工作，或乾脆出國念書等，希望他能夠因此思考未來的各種可能性。

　　當問到要不要回體制學校時，部分回學校，班上導師也把班級帶得很好的淑惠竟然很堅定的拒絕了。詢問後才知道，淑惠一年級時每周回學校一天的經驗（那時是在另一個學校），讓他對學校有非常不好的印象。

第四節　做夢的方法與挑戰

　　築夢、踏實是一體兩面，夢想如果沒有落實，就只是亂想。所以，除了做夢、除了提早思考未來，做夢還必須伴隨踏實。

壹、　築夢

　　做夢，不是簡單的回答「你想要做什麼」的問題而已，而是需要很多的勇氣與自我突破。

　　首先，在做夢的過程中，我希望淑惠能勇敢的懷抱夢想。包括，我會鼓勵淑惠要勇敢（不要被自己限制住，例如還沒嘗試，就說這是不可能實現的夢想）、要大膽（既然是做夢，就做些偉大的夢吧！人因夢想而偉大耶），視野要大（夢想不能只關心自己，還必須關心別人；不只關心國內，還可以跨出國界），心胸要廣（夢想遇到挫折很正常，沒什麼大不了）。我甚至鼓勵淑惠要有一些不切實際的夢想，希望他能體會夢想的意義與偉大。我找了沈芯菱小姐[33]的報導跟淑惠分享，希望他能因此想想自己的夢想是什麼。

　　其次，我希望透過做夢，淑惠能找到自己、超越自己。要找到自己，必須先探索興趣，唯有所學的都是自己有興趣的，學習才會有熱情、才能持久；唯有重視過程，才能感謝

33她出身貧困，14 歲收入百萬卻「一毛都沒花到自己身上」20 歲被寫進各大教科書，成為台灣十大慈善家！2017 年 8 月 16 日，取自 https://www.cmoney.tw/notes/note-detail.aspx?nid=90068

夢想落實中的困難與挫折，並體會超越的經驗。我也盡量讓淑惠參與自己的決定，這樣他才能學會選擇、勇於承擔、更加堅持。

在超越自己方面，我經常鼓勵淑惠要突破自我的限制。人可以到哪裡，經常都是被自己限制住的，當你覺得夠了，那你就停在那裡了。我覺得要學習跳出舒適圈，要勇於捨棄，這樣才能開創不可能的局面。所以，要學習把夢想放遠、放大，才不會被自己限制住。

目前，我最常做的，是當淑惠遇到事情退縮時，總是鼓勵他要嘗試、要更勇敢、更大膽。也就是，希望他不要自我設限、要超越自我。

貳、踏實

夢想能否成真，要看是否能踏實。不是所有夢想都能成真，但如果在落實過程中不斷修正，也在發現錯誤後試著讓錯誤變成「找對路」的能量，那就是朝著正確的方向前進了。

築夢比較容易，我跟淑惠已經在築夢了，但踏實卻不簡單。目前淑惠還小、無法執行踏實，所以是由我來進行。例如，我們發現淑惠音樂性不錯後，就決定讓他考音樂班，確認他在這方面確實很敏感後，就開始未來去德國念音樂的想法，並在淑惠四年級開始學德語（雖然後來暫停，但就先這樣吧）。一路走來，我們都是一步步的觀察、修正，就算最後淑惠不想走音樂的路了，我們還是會繼續修正，並把另外一條路走通。

　　逐步落實需要很多的能力與思維、很強的企圖心與意志力，也需要很多人的協助與鼓勵。其中，企圖心的引導是我經常做的。例如，四年級上學期決定要去日本旅遊後，到圖書館時淑惠如常的坐下來看漫畫書，我則找出日本旅遊的相關圖書，然後借回家。我問淑惠從這些行為看到什麼？我希望他能看到努力、積極的行動力，以及尋找資料來增進對日本瞭解的方法能力。

　　目前淑惠在想做的事情上並未表現出積極、主動、行動力，可能其關注還是在玩吧！但我想，很多影響都在潛意識裡，所以我提醒自己，就先做吧！

參、遭遇的挑戰

　　做夢教育是個長時間的過程，目前遭遇很多困難，實施成效也不算好，但夢想持續下去，終有成真的一天。做夢教育遭遇的困難包括：

一、我們的性格差異大

　　淑惠是個喜歡輕鬆生活的人，而我是個很努力的人，所以我們對夢想的定義差距很大、對夢想的內容有不同想法、對如何落實夢想的思維也不一樣。例如，我問他鋼琴、小提琴要學到什麼目標，他說開心就好；我問他要不要去德國念書，他說想去玩，但不想去學習。這對我這個很努力、很用功的性格來說是完全無法接受的。我想，他還是在愛玩的階段吧！做夢教育幾乎是我一頭熱，但我至少可以讓他想一想、

試著思考一下未來。所以，先接受淑惠的夢想吧，反正未來引導他的機會還很多。

不只我跟淑惠的想法不同，我跟先生的想法也差距很大。我希望淑惠出國闖闖，我先生則因為只有一個孩子、希望他留在身邊；我希望淑惠多接觸一些樂器，他則希望專心的學鋼琴就好。反正，我們三個人的想法都不一樣，在落實做夢教育時也經常湊不起來。

二、經費的考量

有人說，做夢是沒錢人所不敢想的。我認為，既然是夢想，就可以天馬行空，這是不管社經地位的。

我必須承認我們的出國夢想是基於家裡經濟還可以，但也必須說，我年輕、懷抱夢想出國時的經濟並不寬裕，而是在跌跌撞撞、在山窮水盡時才找到美國的獎助學金（我在碩士學位的末期申請到美國的獎助學金，所以乾脆一口氣把博士學位完成）。換言之，經費確實是夢想落實的一個困難，但所有事情的落實都會遭遇困難，想辦法克服才是夢想落實的最佳利器。

經費是我規畫出國時會考量的，不過我還是認為，錢再賺就有了，夢想才是最重要的。

第五章/生命教育

　　在說明對生命教育重要性的體會之後，就三個生活議題所進行的生命對談來進行說明，希望能呈現我們家的生命教育歷程。

第一節　生命教育的體會

　　之所以開始落實生命教育，是看到生命中有許多不完美的地方，所以體悟到孩子必須學習如何面對人生，包括必須訓練其思想的智慧，以及必須培養其性格的素質。

壹、人生並不完美

　　我對生命教育重要性的第一個體會，是發現人生並不完美。當孩子漸漸長大、嘗試的機會越來越多後，失敗、挫折、選擇、害怕等經驗也越來越多，所以孩子必須學會如何面對人生的不完美。2006 年 7 月 5 日的鋼琴比賽，淑惠得到最後一名；一個月後（8 月 5 日）的第二場鋼琴比賽表現也不好；本來快快樂樂的人生，突然發現有患有癲癇，才慢慢體會到孩子原來有許多擔心與害怕。

　　雖然人生不完美，但每個人都是在不完美中追求著完美。也就是，人生之所以完美，是因為有這些不完美，所以我們會更努力的超越它。為了面對生命的不完美，以及超越這些不完美，必須要培養思想的智慧，以便有多元思維的能力來看到事物的不同角度，因而讓想法更有彈性，更積極、樂觀；

以及，要加強性格能力，尤其是心理素養，才能承擔更大的責任與壓力。

貳、需要培育智慧

　　為了面對人生的不完美，我們需要能正向看待人生，所以需要有多元思維的智慧。所謂的多元思維，是讓思想跳脫框架，變得有彈性，這樣人生才有轉圜的空間、才不會走到死胡同，因而可以體會生命的其他可能性。

　　例如，失敗及挫折大家都不喜歡，但它們可能是鍛鍊意志的好事。只要能在風險中挺過，對失敗的恐懼就會減少；只要能把挫折轉換成動力，對選擇的壓力就會降低。麥克阿瑟將軍的〈為子祈禱文〉[34]中，也秉持相同理念。他不是祈禱上天讓他的孩子遠離挫折，而是期望他能在挫折中運用其智慧來進行超越。

　　主啊！懇求你教導我的兒子，使他在軟弱時，能夠堅強不屈；在懼怕時能夠勇敢自持，在誠實的失敗中，毫不氣餒；在光明的勝利中，仍能保持謙遜溫和。

　　懇求塑造我的兒子，不至空有幻想而缺乏行動；引導他認識你，同時又知道，認識自己乃是真知識的基石。

---

[34] 麥克阿瑟〈為子祈禱文〉。2017 年 8 月 13 日，取自：fatherday.fhl.net/iamfather05.htm

主啊！懇求你教導我的兒子，篤實力行而不空想；引領他認識你，同時讓他知道，認識自己，才是一切知識的基石。

主啊！我祈求你，不要使他走上安逸、舒適之途，求你將他置於困難、艱難和挑戰的磨練中，求你引領他，使他學習在風暴中挺身站立，並學會憐恤那些在重壓之下失敗跌倒的人。

主啊！求你塑造我的兒子，求你讓他有一顆純潔的心，並有遠大的目標；使他在能指揮別人之前，先懂得駕馭自己；當邁入未來之際，永不忘記過去的教訓。

主啊！在他有了這些美德之後，我還要祈求你賜給他充分的幽默感，以免他過於嚴肅，還苛求自己。

求你賜給他謙卑的心，使他永遠記得，真正的偉大是單純，真正的智慧是坦率，真正的力量是溫和。

然後作為父親的我，才敢輕輕的說：「我這一生總算沒有白白活著」，阿們！

又例如，很多人逃避做白工、苦工、義工，但這些都是非常重要的經驗。目前看起來好像是做白工，但所有努力都會留下痕跡，經歷過後，第二次就會更嫻熟；這麼苦、這麼難的事都做得來了，那就不會有難倒你的事了，而且它還能讓你的韌性更強；沒有考量自身利益的做義工，才能體會付出的快樂，並廣結善緣，讓你能更正向的看待人生。

參、需要養成性格

　　透過多元角度的思維，可以降低壓力的感受，但這個壓力的承受，還是需要有堅毅的性格，如此才能雲淡風輕的看待人生。我不太喜歡「品德教育」這個名詞，因為品德太高尚，經常無法適應、變通，但我重視性格的養成。所以，我希望淑惠循規蹈矩，但更希望他有獨立思考的智能，以及有突破的魄力。

　　那，有哪些是重要的性格呢？我覺得首先要訓練心理素質。墨林（Amy Morin）在《心理堅強者不做的 13 件事》中[35]寫道，想發展強健的心理素質，就得學習控制你的思考、行為和情緒。墨林指出，心理素質強健的人，不會做的 13 件事，包括：他們不會浪費時間自艾自憐、不會放棄對自己的掌控權、不怕改變、不會把心思放在自己無法控制的事情上、不會試著討好所有人、不怕承受評估過的風險、不會沉浸於過往、不會重覆犯同樣的錯誤、不會怨恨他人的成功、不會在第一次失敗後就放棄、不怕獨處、不會怨天尤人、不認為輕易就能獲得成果。我覺得這些心理素質都很重要，因此成為我跟淑惠對談時的內容。

---

[35]黃維德編譯（2015 年 12 月 4 日）。心理素質強健的人　不做這 13 件事。天下雜誌。2017 年 8 月 13 日，取自 http://www.cw.com.tw/article/article.action?id=5072964#sthash.4Yx D5G5v.dpuf

第二節 生命教育的歷程

以下，是從三個生活事件中，利用對談所進行的生命教育的過程。

壹、失敗的意義與價值

生活中的很多事件，都提供大人引導及進行生命教育的機會。淑惠生平第一場鋼琴比賽得到最後一名，之後我們針對失敗與挫折有很深入的對談，也成為一次很棒的生命教育過程。

2016 年 7 月 5 日，淑惠參加生平第一場鋼琴比賽（首獎音樂大賽）。國小中年級音樂班組共有四位同學參與，其他三位都是高雄市某國小音樂班的學生。淑惠的曲子是 Diablotins，Ed. Poldini, Op.53, No.4。其他學生一開始彈，我就知道淑惠的表現比不上他們。其他同學選的曲子比較大、技巧性比較好、企圖心也更明顯（表演時間是三分半鐘，淑惠的曲子只有兩分零五秒），最後淑惠得到第四名，也就是最後一名。

這個比賽是參加的人都有獎狀。公布名次時，所有人都上台領獎狀，淑惠也上台了。當下我打電話給爸爸，爸爸一聽到淑惠最後一名，劈頭就說：「淑惠還沒準備好、失敗的經驗會讓他挫折，說不定會就此放棄鋼琴。」然後我們爭執了，我的臉也沉了。淑惠回來時以為我是因為他最後一名而生氣，我馬上解釋，但應該還是傷了他。

　　因為對淑惠覺得愧疚，所以之後我很努力地針對這個事件跟淑惠討論與省思，大約持續了兩個多禮拜。我相信，所有東西都會過去，唯一留下來的，是我們對這個事件的檢視，以及從這個事件所獲得的成長。

一、失敗意義與價值的理解

　　快樂不是最好的學習動力，失敗與挫折才能逼得人有突破性的進步，所以失敗與挫折是人生中非常重要的經驗。如果每次的失敗與挫折都能有所學習，那經歷越多的人，學習就會越多，自然可以成為更成熟的人。所以，失敗或挫折並沒有什麼好害怕的，可怕的是我們不敢去碰觸它。

　　首先，我們省思失敗與挫敗的重要性。失敗，為什麼重要呢？如果這個比賽淑惠不是最後一名，而是第一名，那對他會有什麼影響呢？當第一名來得太容易，會以為成功是理所當然的，之後無法站在頂尖時可能會受不了；如果可以承受最後一名，那就沒有後顧之憂了。當時的紀錄是：

　　在這個事件中，我體會到失敗經驗對淑惠成長的重要性。我跟淑惠說，失敗沒什麼大不了，因為每個人一定都會在某些地方或某個時刻失敗，如果不想被打敗，唯一的方法是記取教訓，然後改進。如果沒有失敗的經驗，或沒有學會怎麼面對失敗，就會害怕失敗，那他就會一輩子都試著逃避失敗。所以，能夠面對失敗、處理失敗、超越失敗，並和失敗共處的人，才是真正的unbeatable。
　　（2016. 7. 7）

　　孩子就是要淬煉、要磨難、要挫折。看到一群孩子吵吵鬧鬧的，沒兩分鐘又可以玩在一起，可見他們的復原力是很強的。所以，要珍惜孩子在年紀小的時候的挫敗體會。

二、驕傲是因為害怕的發現

　　失敗之所以重要，是因為沒有失敗過的人發現沒辦法維持在高峰時，會因為害怕失敗而失去再嘗試及再突破的機會，因而成為一個看起來驕傲，事實上是害怕的人。

　　一位在家教育爸爸在 2015 年 10 月南部自學家長的分享會議中提到，他給孩子的最大禮物，是讓他成為一個不驕傲的人。讓孩子不驕傲這件事情有這麼重要嗎？為什麼這位爸爸這麼重視呢？我猜，優秀的人在沒辦法永遠站在頂端時，很容易因為害怕失敗而放棄嘗試，所以看起來驕傲的人其實是害怕。接受自己不是絕對的優秀，才能繼續努力，也才能找到努力的目標。

　　那麼，要怎麼教，才能教出不驕傲、可以接受失敗的孩子呢？這位爸爸認為要讓孩子在成長過程中就知道自己不是全然優秀，包括要讓他從小就經歷失敗，或有某些學科比不上別人的經驗。有篇文章[36]也提到類似觀點，甚至認為，讓孩子失敗，是大人可以給孩子的最棒禮物。

---

[36]讓孩子失敗吧！這是你可以給他最好的禮物。2017 年 8 月 13 日，取自 http://www.cw.com.tw/article/article.action?id=5071754

　　優秀的人比較不敢冒險、不敢放棄、不敢從頭開始，也比較沒辦法隨心所欲。所以，讓淑惠多方面嘗試、讓他去成功、去失敗，他就可以更勇敢了。

三、失敗時需要家人支持的體會

　　如何避免驕傲，失敗經驗可能是不二法門，但，失敗的經驗是否必然可以避免驕傲，還是造成自我放棄，孩子的特質很重要，但大人的引導更是扮演了重要角色。

　　比賽隔幾天是颱風天（2016 年 7 月 8 日），讓我想起四十年前的賽洛瑪颱風（我是在高雄長大的）。那時我去參加國中暑期先修班，補習班宣布停課後我冒著風雨走路回家，沿路看到滿目瘡痍，也開始擔心起家裡。到家時，我們家整個屋頂飛走了（小時候的家是違章建築，結構不牢靠），比我沿路想像的要嚴重許多，所以眼淚馬上流出來。這時，第一個看到的是大姐的臉，那是張笑笑的臉，還告訴我要趕快來幫忙，因為要重整家園了，然後，我整個情緒就穩定了。

　　7 月 5 日鋼琴比賽那一天，當淑惠領獎回來時，我給他的是張臭臭臉，就覺得很後悔，因為我沒能像當初我大姐給我的那張笑臉、給我穩定的力量。雖然有點自責，但後悔是沒有用的，唯一能做的就是彌補。所以，在比賽隔天起床時，我跟淑惠談對這件事的很多想法，甚至繼續談了兩個多禮拜。雖然我錯失了對他第一時間的支持，但至少我盡力補救。就像我跟淑惠說的，怎麼可以隨便放棄、怎麼可以不珍惜犯錯呢，因為我犯了錯，才更認真的跟他談，也讓這個議題的影響更為深遠。

四、父母害怕孩子失敗的盲點

爸爸這次鋼琴比賽的反應，呈現了很多父母對孩子的期望與對待，那就是，很多父母都擔心孩子受傷，所以要盡可能的保護孩子。父母檢視到害怕孩子受傷的盲點，才能夠讓孩子自己來，並在失敗、挫折中越來越堅強。

我愛淑惠、沒有辦法主動提供他挫折，但我可以放手讓他去經歷挫折，而我會在他身邊，陪他一起度過挫折與失敗。我想，這會是我給淑惠最棒的禮物。

五、失敗要趁早的體悟

當父母害怕孩子失敗、想要保護他們時，另一個聲音是，「趁年輕失敗，更能蓄積成功能量」[37]。這篇文章提到，失敗可以啟動人們對自我人格形成及思考模式的探索，可以發掘個人的盲點及罩門，加上年輕時的復原力（resilience）很好，所以越年輕時失敗，越能儲存能量。

英國數學家費雪（R. Fisher）及美國生物學家萊特（S. Wright）根據生物進化的原理，發現如果生物有機會先向下降到谷底，就有可能再創另一個高峰。美國心理學家卡提爾（R.B. Cattell）也提出流質智力（fluid intelligences）和晶質智力（crystallized intelligences）的理論。他相信，當一個人早年遭遇失敗，會運用流質智力來快速適應環境、重新爬起來，因此有機會讓逐漸降低的流質智力再次活化。換言之，

---

[37] 成章瑜（2006.11.2）。趁早學失敗。商業周刊，989。

在年輕時遭遇失敗與挫折，是有機會開創另一個高峰，進而全面改造自己的。

　　流質智力包括知覺抽象關係、短期記憶、對環境的立即認識與瞭解、形成觀念、從事抽象推理等能力，是個體的天生能力，來自於遺傳。它從兒童期開始成長，青少年期達到高峰，成年期後逐漸下降。相對的，晶質智力是透過經驗和教育所獲得的知識，代表文化知識方面的智力，包括一般常識、語文瞭解、數學能力和應付社會情況的能力等。其發展從兒童期逐漸增長至成年期，二十歲之後，晶質智力的表現不會再有太大變動了。

貳、選擇的勇氣與智慧

　　第二次鋼琴比賽也沒好到哪裡，淑惠得到第六名，而我們體悟到選擇的勇氣與捨得的智慧。

　　在第一次比賽隔天（7月6日）上課鋼琴課時，老師看了比賽時我拍攝的影片後，說淑惠的表現沒有問題，是其他參賽者的選曲較有企圖心。當天老師教了一首新曲子（Sonatine, M. Clementi, Op.36, No.3），並提醒不要只練比賽的曲子（再隔一個月的8月5日又有第二場比賽），否則到時候會沒有感覺等，之後就出國了。

　　淑惠很喜歡這個新曲子，在家自己練時很開心，期間雖然因參加活動而有好幾天沒有練習，但很快的就將曲子練完，譜也背好了。7月18日，我看他練得這麼好，所以建議他八月五日的比賽換這個曲子。他說等他練更熟再說，我說，練

熟了再換，跟決定換曲子後想辦法練熟是不一樣的，差別在一個是立定目標、是有企圖心、是積極主動的。

我分享一個溜冰世界冠軍關穎珊的故事。2000 年的世錦賽中，溜冰好手關穎珊[38]於短項目中名列第三，他可以在自由溜項目中穩紮穩打的衝到第二名，如果對手表現不好，還有可能得到第一名。但他沒有選擇穩紮穩打，而是以高難度動作，也就是 7 次三周跳，終於超過他的對手，再次拿下世錦賽冠軍。

我說，如果你喜歡這個曲子，還剩兩個多禮拜，為什麼不試試呢？此外，都已經是最後一名了，根本沒有包袱，為什麼不能暢快的做自己想做的事呢？淑惠說他瞭解，思考一個早上後告訴我他願意試試。之後，因聯絡不上老師，最後在未經老師首肯下決定換曲目。

老師回台後，新曲子的指導還算順利（一次是 7.23 一次是 7.30），但最後反而彈得更不順，我想可能是指導細膩指法變得複雜、出狀況的情形更多了。7 月 31 日我跟淑惠訂出周日、一、二練到熟，周三、四、五放輕鬆彈的練習策略，但隔天（8 月 1 日）凌晨，一個親戚帶著兩個男孩（比淑惠小三歲及小五歲）來家裡玩，直到周四晚上才搭晚上九點多的車回去，所有練習時間都有客人在，淑惠又很開心的跟客人玩，所以練習狀況非常不好。

八月五日早上，終於在沒有兩個男孩的安靜下要練習鋼琴了，才發現狀況真的不好，所以早上練得滿多的（這跟我

[38] 維基百科。關穎珊。2017 年 8 月 13 日，取自
https://zh.wikipedia.org/wiki/%E5%85%B3%E9%A2%96%E7%8F%8A

期望當天早上能放輕鬆練的目標不同)。之後，我讓淑惠睡了午覺，然後帶著忐忑的心情去參加比賽。淑惠進曲子的時候低一個八度、一開始就錯了，彈得有氣沒力的，最後得到第六名。

在這個事件中，我們的討論主要包括選擇的勇氣與智慧。

一、選擇需要勇氣

人生需要不斷的做選擇，而選擇是需要勇氣的，包括勇敢的嘗試、勇敢的跨出舒適圈、勇敢的付出。

關穎珊，就是一個有選擇勇氣的故事。有機會就要去嘗試，這樣人生才不會有遺憾。每個人的人生都是自己發展出來的，所以有智慧的人會勇於做選擇。當你不敢做選擇、當你錯失一次又一次的機會，最後會發現年輕的籌碼用光，最後變得只能被選擇，那時候後悔就來不及了。

二、選擇需要智慧

客人來的時間確實不好，但淑惠對新曲子也確實不夠熟、需要更多的時間練習。我發現，要處理一個曲子的細節，兩個禮拜真的不夠，所以我讓淑惠換曲子的舉動真是太魯莽了，是我天真的認為淑惠可以突破。從這個事件中發現，勇敢是需要智慧相伴的。

發現錯誤是在我的躁進之後，我提醒自己錯誤都發生了，最重要的是要珍惜這次錯誤，並讓錯誤變成改進的動力。因此，我特別針對「選擇」的議題，跟淑惠進行討論。

什麼是選擇的智慧呢？我覺得選擇的智慧不在「選擇」本身，而是在執行的能力。一個有執行力的人，可以把選擇的路走通；缺乏執行力的人，任何選擇都可能會失敗終場。賈伯斯在他對哈佛大學畢業生的演講[39]中提到，他人生中的幾個重大選擇，後來發現都是正確的。怎麼賈伯斯這麼厲害能做出這麼多正確的選擇呢？當時賈伯斯決定從大學中輟，最後成為人生的重要選擇，但如果當時他是完成大學，我相之後也會發現這是一個正確的選擇，因為選擇不是重點，而是選擇之後能不能把路走通。

選擇不是一個點，而是一個選擇、修正的連續過程。當你能夠有智慧的落實，才能成為一個總是做出正確選擇的人。

參、害怕的超越

2016 年 6 月 15 日凌晨，淑惠癲癇大發作。因為是第一次、我完全沒有預期，加上不知道該如何處理，也不知道到底有多嚴重，所以感覺蠻恐怖的。

在淑惠癲癇後的熟睡期間，我跟爸爸說明剛剛看到的景象，之後馬上向老師請假（那天剛好有重要團練）、搜尋網路相關資料、詢問醫護朋友的意見，並預約了隔天的門診。

透過網路資料，我判斷他應該是兒童良性部分癲癇，也就是不會影響智力、只有在睡覺時出現、十五六歲後會自動

---

[39] Steve Jobs 對美國史丹福大學畢業生演講全文。2017 年 8 月 13 日，取自 http://mepopedia.com/forum/read.php?33,7604

痊癒的癲癇。此外，淑惠醒後一定會害怕，所以我們夫妻決定要快速的調整情緒。當時我告訴自己，要誠實且充分的讓淑惠瞭解他的狀態，因為不清楚而有的猜測，以及因而有的害怕，對孩子的傷害可能更大。

　　淑惠睡醒後說他知道他出現抽搐，也知道我在旁邊喊他，但就是沒辦法動。我試圖告訴他我們所做的處理、安撫他的情緒（包括告知這種癲癇不會有致命危險、只有在睡覺時會發作，所以不會因跌倒而受傷等等），並承諾會盡量陪他。我也告知，萬一發作時我們不在，他要知道發作完就會過去、不必害怕等。當天晚上，他害怕睡著會再發作，但還是勇敢的在我的陪伴下睡著了。之後確診是兒童良性部分癲癇，並瞭解到，只要作息正常，就可以避免再次復發。

　　2017 年 1 月 27 日，從日本旅遊回來的當天淑惠癲癇第二次發作。同年 5 月 5 日學校舉辦家庭音樂會，淑惠長期的很累及很興奮，隔兩天我又得到 A 型流感、無法照顧淑惠，所以在 5 月 10 日，淑惠在日文課堂的午睡時間第三次發作。再隔一周後（2017 年 5 月 17 日），第四次發作。

一、大人的處理會影響孩子的害怕

　　面對害怕，大人如何引導，才能讓孩子勇敢的面對問題，以及處理他的害怕情緒呢？過程中淑惠的沉穩，以及我們完全溝通的歷程，讓我看到患難中的向上力量。

　　我認為，父母的反應可以減少孩子的害怕情緒。父母害怕，孩子會變得失措、茫然，所以大人要穩定情緒，讓孩子知道父母會陪著他度過，這樣他才有安全感。當時我告訴自

己，如果我失措慌張，他會更害怕；如果我一知半解，他會茫然無據，所以我做了兩件事：（1）我正向面對，也鼓勵他正向面對，包括既然事情發生了，我們就接受，並找出最好的處理方式。（2）我妥善處理，並完全告知，包括馬上找資源、跟他說明處理情形及未來的可能狀況，包括最糟的狀況、最好的狀況、如何預防、如何處理。

不論言教、身教，我都希望能給淑惠正向面對問題的力量，也就是，讓他能完全瞭解自己的狀況，就可以有心理準備了。

二、孩子害怕的超越

孩子的害怕情緒我處理得還不錯，但淑惠的第三次（2017 年 5 月 10 日）發作，突顯了他的另一個害怕，就是怕同儕知道他的狀況。

淑惠很喜歡日文課的同學，每次去上課都會特別穿著，也會特別注意自己的言行舉止。為了跟同學多互動，淑惠會提早到才藝教室跟大家一起吃午餐，然後睡午覺。淑惠的第三次發作，是在他日文課前的午睡時間，也就是在同學面前。我很擔心淑惠的感受，但問他又說還好，只是從此拒絕到班上吃午餐、睡午覺了。

我跟淑惠談，希望他能夠坦然接受他的病症，以及不要害怕跟別人不一樣。我提到，《流言追追追》節目中的主持人邵庭小姐有妥瑞氏症，經常會無法控制的有過多的臉部表情。

然後我們一起看了《誰來晚餐--來自斑點星球的女兒》[40]的節目。在影片中，邵庭小姐分享妥瑞氏症對他的影響，以及他如何接受自己「跟別人不一樣」的事實。

2017 年 7 月 20 日，淑惠突然說他開學後不想繼續上日語課了（暑假期間我們的許多才藝課都會暫停），我問他是否是因為在同學面前癲癇發作而想退縮，他再次否認。就在我還不是很確定到底他的感受是什麼時，我問他是否願意讓我將他癲癇的事寫在書裡，他竟然同意了。

我猜測，淑惠已經超越「跟別人不一樣」的害怕，而能接受自己的特殊狀況。很多事本身不是那麼嚴重，而是我們自己在擔心。淑惠的超越讓我很佩服，因為他畢竟才十歲，還在很在乎同儕的年紀。

三、其他害怕

孩子，是非常容易害怕的。淑惠的其他害怕，包括怕做夢、怕面對老死。

（一）害怕做夢、害怕黑

三上開始，淑惠幾次提到他重複做同樣的夢（應該是兩次），所以感到非常害怕。為了讓孩子不害怕，我鼓勵他把害怕情緒說出來。我認為，情緒有個出口，就不會有問題；疑問有人可以詢問，就可以達到紓解的作用。

---

[40] 誰來晚餐 7 第 33 集 來自斑點星球的女兒 (完整版)公視-黑色素痣琪琪 2017 年 8 月 13 日，取自
https://www.youtube.com/watch?v=OmfBVbAGD2Y

　　我覺得淑惠怕的東西大多沒什麼好怕的，但我知道，這不代表害怕不存在，只是我無法感受。所以我提醒自己，只要是孩子怕的，我就必須尊重，而且要盡量陪著他。

　　此外，我分享了我在美國時的一個夢來安慰他。在美國時，我夢到我大姐在我眼前出車禍死掉了。我立刻打電話回台灣，我大姐沒事。到現在二十年過去了，他還活得好好的。我希望淑惠知道，這只是夢境，所以要做的，是避免可怕夢境在真實生活中發生，以及要去克服害怕的情緒。如果意外真的發生了，那我們就要去接受，而且，我承諾我會陪著他一起度過。

　　我希望淑惠要勇敢面對自己的脆弱、要學習把脆弱講出來，以及要體會人都是被自己嚇到的。我希望淑惠知道害怕是可以超越的。

（二）害怕死亡

　　我生淑惠時已經 41 歲多，我先生更是 53 歲多。跟淑惠朋友的爸媽比，我們算是年紀非常大的，所以淑惠經常在接觸衰老的議題。三年級開始，當我跟先生談到老花眼、膝蓋會痛等問題時，淑惠都在注意聽。之後，淑惠經常會問到死亡的問題，例如，淑惠問阿嬤（我的媽媽）是在我幾歲時往生的，我說 45 歲左右，他說希望我也能陪他到 45 歲。我答應他，因為那時候我 86 歲，應該還可以，但提到爸爸可能沒辦法，但他一定會在淑惠可以接受的時候才離開。

　　2017 年 3 月 2 日，淑惠常去的那個在家教育家庭的貓咪從九樓掉到一樓，死掉了。淑惠去安慰他的朋友，回家時卻

大哭。他問我貓死後會到哪裡、還會不會記得他們等問題，而且再次強調我答應要陪他到 45 歲的事。我才發現，他對生死有很大的擔心。之後，我跟淑惠談了很多有關死亡的種種。我希望他知道，死亡不是那麼可怕，而且還是人生必經的過程，我們要做的，是要珍惜現在的日子。我希望他知道，擁有有時候不是握在手裡，而是放在心裡，如曾經有過的記憶裡。

　　我們沒有避諱談死亡及年齡的問題，甚至認為就是要多談，才能讓淑惠有心理準備。目前淑惠還是會害怕，但已經知道死亡的種種，也越來越能接受我們談論死亡的議題了。

第三節　生命教育的方法

　　我們家的生命教育，是在生活事件中對生命議題進行對談與省思。也就是，我們並沒有什麼明確的教學計畫，而是在遇到可以談的議題時，以隨機、隨興的方式來進行。進行的方式，主要是透過言教來訓練孩子的多元思維，然後透過鼓勵做自己，來強化他的心理素質。

壹、 對談引導：訓練智慧

　　身教和言教都很重要。在孩子年紀還小、理解力不足時，身教是非常重要的教育方式，但當孩子漸漸長大、聽得懂之

後，透過言教，可以讓他們的觀念更清楚，也可以訓練他們看待事物的多元角度。

我認為，透過言教可以訓練孩子思考的多元性。當一個人有多元思維的智慧，遇到事情時想法會有彈性，就可以找到每件事情的不同角度，而讓思考更清楚而正向了。

從不同角度思考的能力，我是透過對談來訓練，並作了以下的幾件事，來讓對談的引導更有成效。

一、 提升我的人生智慧

淑惠有機會跟一個有五十多年生活經驗的我進行對談，尤其是長時間的對談，是多棒的學習機會呀。為了說話給淑惠聽、為了讓自己的談話更有內容，我努力的提升自己，包括很認真的思考生命議題、很努力的看書，並將書中想法跟淑惠分享。此外，我在作生活紀錄時，經常會發現日常生活中的一些沒什麼感覺，卻很重要的話題，然後會找機會跟淑惠分享，並成為我們之間的重要教育內容。

我發現，對生活的敏感度很容易被柴米油鹽沖淡，所以，我透過閱讀、紀錄（這是出書的前身）、省思等來維持對談的敏感度。當我自己在省思生命、在看一些很棒的書時，我才能看到跟淑惠對談的需要，甚至找到對談的出口。此外，作紀錄對我來說不只是寫書的材料，它也幫助我深入思考哪些生活點滴是值得對談的教育內容。此外，我還會在閱讀時順便紀錄，所以紀錄也是我思考的重要方式。

二、　提升我的對談技巧

我希望提升的對談技巧，包括：對談要盡量簡單，以及要包括前因後果的說明；對談要盡量圍繞在生活事件上，並盡量用例子來幫助理解。

首先，我所有的談話盡量都是簡單的談，而且盡量在說道理之後，還要說明這些道理的原因及影響。此外，我盡量不要跟淑惠談些標題化的道理（如，要誠實、要禮義廉恥等），而是經過我自己省思過後的道理。例如，我幾次跟他說「不要有太多理由」時，會說明「理由」跟「藉口」的差別、會提醒他試著想像大人聽到這麼多「理由」時的感受。我更希望淑惠不要因為太習慣找理由，而失去面對問題的勇氣。

其次，當沒有實際例子時，對談對孩子來說可能只是說教；當有實際例子出現，就可以連結到平日教導的內容，也可以訓練孩子的理解能力。以上的「理由」、「藉口」的例子中，我會拿我跟先生吵架做例子，來說明大部分的「理由」都只是「藉口」，還會進行舉例的練習，來理解什麼是理由、什麼是藉口。

淑惠很喜歡前因後果的說明，更喜歡「舉例的練習」，包括情境扮演、角色扮演等。換句話說，運用生活上的例子，以及「換個立場想」等，都是非常重要的對談技巧。

三、提升我的聆聽能力

孩子要說，我們才能瞭解他；但孩子每天說了很多話，我們大人卻不見得聽得到。

首先，孩子的語言表達需要練習，說話的態度也很重要。為了讓淑惠學習比較好的表達方式，以及透過練習而變得精熟，我會盡量讓他有表達的機會，並適時進行示範與引導。此外，我提醒自己要願意聆聽孩子的說話，在孩子說出有道理的話時，還要給予鼓勵與回饋。有時候，淑惠會主動的跟我「談事情」，他需要有情境讓他練習說話的技巧，以及，他不是很有自信、希望我能對他的想法提供意見。所以，大人願意聆聽，是很重要的。

禁止孩子說話時，他們就不敢再嘗試；當大人願意聆聽，而且鼓勵他、讚許他時，他就會努力的說，以及會想辦法說出讓你讚嘆的話語。此外，孩子的害怕情緒也可以透過大人的聆聽而有個出口。

貳、鼓勵做自己：培養性格

為了培養淑惠的心理素質，我盡量鼓勵他要勇敢地做自己。但是，什麼是做自己呢？做自己是一種自由，但不是獨斷獨行或任意行事，所以我特別找了網路文章，然後發現「做自己」原來是個非常重要的訓練。其中一篇文章[41]，提到，做自己是「懂得運用自由意志，來掌控自己行為的人」，其中的解釋非常精闢。

---

[41]所謂做自己，就是「用自己的意志扮演自己想要的角色。2017 年 8 月 13 日，取自 https://www.darencademy.com/article/view/id/16421

> 當我們看到旁人比我們成功而感到嫉妒，不必為此感到
> 羞愧，我們的大腦原本就會對刺激做出本能反應，只要
> 你能用意志掌控行為，說出祝福的話，並且學習對方的
> 長處，對，你或許不是完美的人，但你是成熟的大人，
> 你決定了要成為什麼樣的自己！認識自己，相信思考，
> 勇敢扮演你想要扮演的角色，塑造你真心認同的自己，
> 這才是『做自己』的真諦。

原來做自己是這麼的難。不過，在這個議題上，我只是很簡單的鼓勵淑惠要有跟別人不一樣的勇氣，以及，要練習不要比較。

一、要有跟別人不一樣的勇氣

要有堅強的性格，首先要練習跟別人不一樣的勇氣。我們都害怕跟別人不一樣，所以會不自覺地失去自主意識。所以，我有時會身教，讓淑惠知道我也有跟別人不一樣的想法與做法；以及，當淑惠面對跟別人不一樣的脆弱時，我會鼓勵他做自己。

當有人問淑惠怎麼沒去學校，我會讓他去回答問題，這是培養他有勇氣跟別人不一樣的機會。聽中國童話故事 CD 時，我們會對故事中邏輯性或善惡判定不太對的地方進行批判；我希望他知道，就算是出版的故事，也可以進行批判[42]。

---

[42]CD 的故事提到，孟姜女說除非找到他先生的屍體，否則就不離開長城。當天神幫助他找到先生屍體時，卻又說他的先生死得很冤枉，要報仇後才願意離開。我們開始討論孟姜女算不算「言而無信」。

我還引導他不必然要聽話、不必然要守規矩，因為我希望他不要受限於聽話，或受限於別人架構出來的規矩，而能有自己的思考與判斷。此外，我希望淑惠能接受自己有癲癇的事實，並培養跟別人不一樣的勇氣。

二、不要比較

不要比較，也是做自己的一個重要特質。一開始比較，會變得別人的表現比自己的表現更重要，甚至形成缺乏自信、斤斤計較的性格。

淑惠三年級部分回學校後變得很會比較，他會在意同學幾歲開始學琴，而他晚了好幾年，所以程度沒有同學的好。對於自己的數學與國語落後同學，淑惠也非常在意。我鼓勵他不要比較，但要不斷進步，以及，不要只看別人強的地方，也可以想想自己不錯的地方。我鼓勵他依照自己的進度與興趣來學習，然後用「自己跟自己比」，來評估學習的成效。我希望透過避免比較，淑惠能有做自己的勇氣。

其實，不要比較也是培養一種眾生平等的善念。當不比較時，就可以從每個人的角度來思考，體諒的心就會更多了。

結論是，孟姜女算是言而無信，不過他是可以被原諒的，因為他太難過了，第一次沒想清楚就講出他的訴求，所以後來後悔是情有可原的。所幸後來天神有勸他離開，所以他沒有真的言而無信，所以是天神讓他避免犯錯的。

第六章/生活教育

本章目錄

生活能力與習慣是一個人能否有效完成事情的基礎，所以需要納入在家教育的落實中。在淑惠低年級時，我並沒有計畫性的進行生活教育，因為當初千頭萬緒，也受限於自己成長經驗是以認知學習為主，所以自然把重心放在這些方向；在生活教育上只是很簡單的強調「要心存善良、要把別人放在心裡、要分享」的三大訴求。

三升四的暑假，一位小朋友來家裡住了兩個禮拜，讓我體會到生活教育的重要性，也開始我們的另一種教育型態。目前生活教育的成效不算顯著，希望假以時日可以慢慢達到應有的目標。

第一節 生活教育的體會

三升四的暑假（2016 年 8 月），一個朋友的孩子（稱為小玲，小淑惠半歲）單獨來家作客兩個多禮拜。這個孩子生活能力不好，淑惠也沒好到哪裡，因此讓我體會到生活教育的重要性。此外，在這段時間我看了幾本各國教育的書，發現各國家長對生活教育都相當重視，不像台灣只偏重認知與才藝，因此意識到我對生活教育的重視可能還是不足。

壹、朋友孩子來家作客

小玲跟淑惠的生活習慣都不好，包括把房間弄得亂七八糟、東西隨便丟、也經常吵架鬥嘴，讓習慣一個孩子的我很

不適應。我提醒自己，小玲有過創傷（其父親前幾年往生）、需要更多的包容，而淑惠有朋友時本來就會玩瘋，當兩個生活習慣都不好的孩子在一起時，就會有加乘的效果。

最後，我只好祭出當下想出來的規矩，包括：（1）自己的事物要自己處理，包括吃完的碗盤要擺到碗槽中、換下來的衣服要放到洗衣籃中、游泳回來的衣服要自己掛起來；（2）要整理自己的房間，這是他們弄亂的，所以要自我負責；（3）要節約，如進出冷氣房要隨手關門、不可開很冷的冷氣然後蓋厚被子睡覺（我希望將窗外的冷空氣抽進房間，只蓋小棉被）；使用衛生紙時不可以一次抽五六張；吃多少飯就盛多少，不可以吃不完就丟掉；（4）不可以隨便花錢、要改掉隨時到便利商店買飲料的習慣，並開始自己帶開水；（5）要有禮貌、要體貼別人、要感謝別人，不可以有「哼」的鄙夷語氣，早上起床時也要道早安。

兩天後，小玲改變很多，才發現孩子可塑性非常高。

在小玲離開後，也就是淑惠小學四年級開始，生活習慣也不好的淑惠非常樂意接受我對他生活上的要求，因為他也體會到生活習慣的重要性，以及他在這方面的缺乏。我首先跟淑惠討論可能的生活教育內容，包括要學習做家事、要學習儉樸，以及不可以隨便花錢，也就是要進行家事教育、儉樸教育、金錢教育。淑惠是個有禮貌的孩子，所以禮貌教育並未列入。在第一個月進行時，淑惠意願很強，成效相當顯著，但之後又快速鬆懈，不久就恢復原來的樣子。

除了生活教育外，自主學習也在差不多時間進行，也就是學習及生活的重心都變成要孩子自己來。淑惠的自主能力

還不夠，我逼著，他就跟著做，一段時間後又慢慢變回懶散、被動，而我也在累積一段看不過去的忍耐之後，會突然爆發，然後罵他。四年級上學期這半年，我經常罵淑惠，母女關係很緊張。到了四下，我的彈性比較大了，淑惠也確實有進步，儘管仍是不夠好。

貳、各國教育的啟示

在小玲住在家裡的這段期間，我剛好看了幾本各國教育的書[43]，然後發現，台灣重視認知及才藝的學習，許多國家則花費更多精力在生活能力與習慣的培養。

日本人非常重視孩子的生活教育，包括從小要學習處理自己的事，父母必須堅持讓孩子自己來，不提醒也不幫忙；他們還重視吃苦，認為能吃苦的孩子才能有所成就。德國也重視生活教育，而且相信 「再富也要窮孩子」，因為他們認為，嬌生慣養的孩子缺乏自制力和獨立生活的能力，長大後很難適應社會；所以就算德國相當富強，他們也堅持要讓孩子生活在儉樸中。猶太人在重視生活教育之外，也強調金錢的重要性，所以孩子必須練習如何運用金錢、如何創造金錢

---

[43] 趙麗榮（2012）。德國媽媽這樣教自律：教出堅強、獨立、寬容、節約好孩子。台北：野人。

孫玉梅（2012）。日本媽媽這樣教負責：教出守規矩、有創意、懂得團隊合作的好孩子。台北：野人。

孫玉梅（2012）。猶太媽媽這樣教思考：教出守信用、能分享、會理財的好孩子。台北：野人。

的價值，以及要建立具有正義感的金錢觀，包括利用金錢去幫助別人、製造快樂等。

四年級寒假去日本的旅途中，發現經濟發展快速的日本人生活其實很儉樸。他們非常有禮貌、工作很認真、重視時間觀念等，有著讓人相當舒服，也相當佩服的民族性。雖然沒看到他們生活教育的落實情形，卻感受其成果。透過這些親眼看到的感覺，我們調整生活教育的細節，希望淑惠的生活能力與習慣能慢慢進步。

第二節 生活教育的歷程

我們家的生活教育主要包括家事教育、儉樸教育、金錢教育。

壹、家事教育

在生活教育中，最難要求的是家事習慣的養成，因為家事是孩子很不喜歡的事。在落實家事教育時，我希望先讓淑惠理解做家事的意義及建立對做家事的認同；其次，我希望透過陪伴及鼓勵來營造快樂的做家事氛圍，並期許孩子能發展出家事的技巧與能力。最後，希望能養成隨手處理生活瑣事的習慣。

一、建立對做家事的認同

　　做家事是辛苦、無趣的，因此在要求淑惠做家事前，我會先透過言教，讓他對做家事有所認同，包括會讓他知道做家事的習慣可以提高生活的品質，以及，做家事也是對家人的一種愛的表現。

　　首先，透過討論，我引導淑惠了解生活習慣與能力是生活的基礎，擁有它們才能照顧好自己、照顧好家庭，甚至成為一個有生活品質的人。此外，當可以把生活照顧好，就容易發展出自信及自我認同，甚至影響自我概念。我們還談到我早期看過的「習慣理論」的內容，包括某些習慣可以讓我們在不知不覺中完成很多事情，所以是非常重要的。

　　其次，我期望淑惠能因為關懷家人而協助家庭裡的事，甚至養成分攤家事的習慣，如幫忙洗所有人的碗、洗摺所有人的衣服。我會提醒他這是對家庭的愛，也就是，當你愛你的家人，就會願意多做一點以減輕他的負擔；以及，這不是喜歡或不喜歡的問題，而是必須做的事情。我說，「*我也不喜歡洗衣服，如果不喜歡就不做，那大家就都沒有衣服穿了；但如果是因為對家人有愛，就會更願意去負起這個責任。*」（2016.12.7）

　　我在偶爾請淑惠幫忙家事時，就會跟他重複一次這些想法，以加深他的瞭解。淑惠很清楚這些想法，但自稱很懶，協助家事的機會並不多。

二、營造做家事的氛圍

我發現淑惠還只是個孩子、還是需要大人的陪伴，這在養成做家事習慣時更是如此。對淑惠來說，做家事是辛苦的，如果我規定這是他的事，他就不理不睬，但只要我帶頭、陪著做，淑惠是願意，甚至是喜歡做的。所以，要建立做家事習慣的前提，是要讓它變成是一個快樂的過程。

建立快樂做家事氛圍的條件，包括大人要陪伴，以及要用鼓勵的方式進行。首先，我不喜歡做家事，但如果是跟孩子一起做家事，然後在做的過程中閒聊、引導，其實是很輕鬆的，辛苦的感覺也會降低。問題是，我經常是利用淑惠練琴或者我失眠時做家事，當淑惠有空時，我又變得很懶。所以，希望未來在做家事的引導上，我能給孩子多一點練習的機會。

此外，淑惠不喜歡做家事，但對自己能做家事卻感到驕傲。我陪他整理房間、幫他分攤一部分工作，他會很開心地整理，整理好後還會炫耀「他」把房間整理好了，以及他很喜歡房間乾淨的感覺。所以我偶爾會協助他完成家事，然後用鼓勵、讚美的方式來強化他的成就感，期望能因此加強他做家事的動力。

三、學會做家事的技巧

喜歡整理房間的成就感，卻不喜歡付出；想把房間整理好，卻怎麼也整不乾淨，可見孩的子責任感還沒有培養起來，做家事方法上的能力也可能還不足。

　　我認為，要做一件辛苦的事時，會需要有成就感來幫助我們對這件事的投入，所以家事教育需要提升做事的技巧，才能因為發現自己越來越厲害而願意繼續投入。

　　提升做家事技巧的最好的方法，是大人在一旁引導、示範及說明。

　　今天早上，淑惠說他不想上課，那想做什麼？討論的結果是做早餐、洗碗、摺衣服。他要為自己煎蛋，所以我讓他自己開瓦斯爐、告訴他如何判斷油熱了沒、怎麼倒油比較安全，燙到該如何處理，以及解釋用過的湯匙為什麼不能放到鹽罐中舀鹽。洗碗時，我說明用熱水洗碗的好處，以及如何省水、如何晾乾、如何分類與擺設才能讓廚房看起來整齊；我還提醒他洗完碗後必須擦拭整個流理台，才算完成等。在摺衣服時，我說明衣服曬太陽的重要性，過夜衣服放在外面可能會有蟲子在上面產卵、衣服沒乾就摺起來可能會發霉等。(2016.11.12)

　　一起做家事的過程中，我們有好多互動、有好知識及常識的獲得，淑惠還可以在做的當中慢慢學習做家事的技巧，所以是非常棒的過程。

四、養成生活的習慣

　　在透過討論及建立共識之後，再來就是要養成這些習慣了。為什麼一定要建立生活習慣，以及要如何來養成這些習慣，是我和淑惠經常討論的問題。

　　我首先是要求淑惠在生活瑣事上要養成「馬上」、「隨手」處理的習慣，如：吃完飯要把自己的碗馬上放到碗槽、換下的衣服要馬上放到洗衣籃、東西使用後要馬上歸回原位等；此外，要隨手關燈、看到人隨時問候，要每天刷牙、洗澡等。這些事情很容易，但淑惠經常忘記，或者懶得去做，其中，房間的髒亂是最讓我受不了的。淑惠沒有隨手把東西歸位，經常累積到房間很亂後才後悔沒能隨手處理。所以，除了一次次提醒，我還告訴他要每天在固定時間做整理，例如每天早上起來的第一件事是整理房間，這樣就不至於太亂了。

　　淑惠的生活習慣還沒有建立，我對總是要提醒覺得很煩（為什麼這麼簡單的事還要我講這麼多次）、對房間一段時間後總是很亂感到非常生氣，所以經常會忍不住唸他，甚至開罵，成為親子互動關係中的一個引爆點。四年級結束時，淑惠知道馬上、隨手處理生活瑣事的重要了，但習慣還沒養成、還是需要提醒。可能原因是，我不是很堅持的人、無法持續的提醒，當覺得孩子應該能自我主動時，我就放鬆了，然後不久房間就又亂了。

貳、儉樸教育

　　會想進行儉樸教育，主要是因為淑惠的生活太優渥、太不珍惜東西，所以希望他能理解儉樸的重要性，進而懂得惜福與感恩。

一、我對儉樸重要性的體會

我對儉樸重要性的體會，主要是看到淑惠在金錢及物品上的浪費，並由此所做的省思。我是個儉樸的人，並認為淑惠很習慣花錢、對東西很不珍惜；爸爸認同淑惠需要養成儉樸的習慣，但因為他自己也愛花錢，也不懂惜物，所以儉樸教育是由我來單獨跟淑惠進行。

首先，在金錢的浪費上，我認為淑惠的問題包括：買東西不看標價、經常說東西很便宜；看到喜歡的東西有強烈的購買慾望，而且一次會買三、四個，因為要分享給朋友；進到商店發現想買的東西沒有時，一定要找個其他東西買，就算其實他並不需要；喜歡隨時到商店解決吃喝，所以喜歡買冷飲、不喜歡喝水；喜歡隨時買微波食物，結果正餐時吃不下，不是吃飯時間又經常喊餓。

在不懂得惜物方面，主要是淑惠很習慣丟東西，可能是家裡的東西很多，也可能要再買也不是太難吧！

我認為，儉樸教育是價值觀建立的重要過程。一個儉樸的人會惜物惜福，會懂得感恩，所以心中的世界會更為美好。生活儉樸的人也比較能吃苦、比較能存錢，未來比較不會因為花錢太兇而必須非常努力的賺錢，甚至可能因此變成金錢的奴隸。此外，它還會影響你的工作態度，比如你會比較為公司著想、比較不會浪費公帑，也比較愛護地球、比較惜物；受了別人的好，也比較懂得感恩。

二、透過對談建立儉樸生活的認同

如果沒有教導，孩子是不會認同儉樸生活的重要性。首先，淑惠會羨慕每天可以買新衣服、新玩具的家庭。我提到這樣的生活要花很多錢，到時候錢花完了就會陷入經濟困難。我也提醒，錢在不知不覺中花掉，就算努力賺，永遠會不夠花，當然存不了錢，也就沒辦法做想做的事了。此外，東西買太多很浪費錢，也增加地球的負擔，所以我提醒淑惠盡量在需要的時候再買。

此外，我希望淑惠瞭解，寬鬆花錢的生活方式雖然很快樂，但儉樸生活才是值得驕傲的。到日本旅遊後，發現這個國家相當儉樸、物質欲望少，也比較踏實。我試著引導淑惠去認同儉樸生活，包括國家要成功需要儉樸踏實，那人要成功，不也是如此嗎？

再其次，我會讓淑惠知道我小時候的大環境也是很儉樸的，所以才能創造那時候的台灣經濟奇蹟。2016 年 7 月，淑惠告訴我他之前參加過的一個營隊很辛苦，因為洗澡時只有一桶水，旁邊還是廁所。我跟他說這些生活媽媽小時候都經歷過，這樣的生活不是不好，而是我們現在的生活太優渥、太享受了。我希望他知道，很多優秀的人，都是從儉樸生活中淬煉出來的。

有一次，淑惠說他去上日文課時都會穿漂亮一點，因為他希望同學「以為他是有錢的人家」，我們也針對這個議題進行對談，包括有錢人家到底是什麼樣子。我希望他知道，有錢人家其實也是很儉樸的。

三、運用零用錢來練習儉樸

我想，淑惠可能不知道錢的概念，因為沒錢時，我們去郵局後就又有了，所以會以為錢可以自己不斷跑出來吧！對錢沒概念，當然不能發展出儉樸的習慣，所以儉樸教育的第一步，是讓淑惠瞭解錢的概念，也就是，要從學習如何花錢開始。

我的做法是讓他每天有 10 元零用錢（從 2016 年 9 月 1 日開始）。我在家裡會盡量買足所需要的飲料及食物，他可以在家裡取得所需的東西，但在外的零花則要用自己的錢，文具則我分攤一半。

既然要儉樸，為何還要給淑惠零用錢呢？會這麼規劃也是因為小玲而有的決定。小玲不能隨意買他想買的東西，所以變得捨不得分享，對東西也有佔有慾。我希望淑惠能控制金錢的花費，但不要捨不得分享，因此透過給他零用錢、讓他知道所有東西都是有價值的，所以要好好愛惜。此外，儉樸教育是希望養成儉樸的概念與態度，花錢也是個很好的練習，所有事物都不應該禁止，寧可讓他有機會碰。

開始落實零用錢制度時效果非常好，淑惠很快的就節制花錢，買零嘴時也會因為要花自己的錢而忍了下來，而且開始看標籤、看容量、會想想買哪一個比較合算。不久後，發現爸爸可以幫他出錢，讓以零用錢來練習儉樸的美意折損。跟爸爸溝通後成效不彰，加上我認為重要的是建立概念，並沒有要嚴格執行，所以後來是以寬鬆的方式在持續進行。

淑惠的儉樸概念建立得很快，但他說他已經知道儉樸的重要性了，也確實進步很多，只是偶爾還是想花錢。

四、其他提醒

在落實儉樸教育上，我整理了一些在平常對談中就會傳遞給淑惠的概念，包括：要節約跟惜物、要重視精神生活、要降低生活欲求，以及要學習自我控制。

首先，當花則花，當省當然就要省，至於省的方法，主要是**節約跟惜物**。在節約方面，要養成節制使用的習慣，包括要隨手關燈、要抽用適量衛生紙。在惜物方面，當瞭解到世界的資源有限、我們很幸運地仍有東西可以用時，就能體會物質得之不易，所以才能珍惜東西、愛護地球、做資源的回收利用等。

其次，我引導淑惠要**重視精神生活**。每天 10 元零用錢的累積很慢、淑惠覺得很辛苦，這就是當錢的奴隸；如果都不去想，甚至連花錢都不想，可以把時間用到更有意義的事情上，一段時間後財富就可以累積了，這才是錢的主人。為了讓淑惠建立相關概念，我引導他要重視精神生活，不要物質化，所以，逛街不如逛圖書館、買東西不如打掃家裡。我相信，生活應該朝向精神面，而不是物質面；生活應該要更簡單。

再其次，我希望淑惠能**降低生活的欲求**，甚至體會貧窮的意義。所以，與其太愛乾淨，我更希望他自在。如果很小跟很大的房子他都可以住得開心、好吃及不好吃的食物他都可以享受，那他就心靈自由了。我認為，由儉入奢易，未來

他可能會到第三世界去做服務（有段時間他提到希望未來到第三世界國家去服務別人），所以，更需要練習在生活上的彈性。

我的做法是，我盡量讓淑惠穿別人的舊衣服、用別人看過的《巧連智》；吃的東西掉在桌上，如果不是太髒，就洗一洗繼續吃。這些都是希望淑惠能降低生活的欲求，並體會惜福的重要方法。

最後，我教導淑惠要**自我控制**。現在廣告很多、網路訊息隨處都是，不斷在刺激購買，結果買了一大堆用處不大的東西，情緒又受到外在牽引、變得很複雜。所以，我引導淑惠體會東西少的價值，並練習自制，包括盡量不要拿贈品，不要想什麼買一送一的廣告。此外，我也提醒，要買就要買好的，既有實用性，也能提升自己的美感與品味，以及，花錢一點都不難，如何控制花錢才是最重要的。

到四年級結束時，淑惠還是沒辦法控制，對這些道理也似懂非懂，我只能一再說明，希望他能慢慢發展出相關的理解。

參、金錢教育

說明重視金錢教育的緣由後，我解釋金錢教育的內容，包括教導正確的賺錢觀、教導什麼是值得的花費，以及提醒要讓金錢的價值偉大。

一、重視金錢教育的緣由

會進行金錢教育，是因為淑惠在十歲時（四年級上學期末）有機會賺錢，加上落實零用錢制度一段時間、他已經有些積蓄了，所以逼得我必須開始跟他談錢。

狀況是，有個在家教育媽媽希望淑惠能教他孩子鋼琴。這位媽媽的孩子鋼琴很基礎，他最近較忙、沒時間自己教，所以希望淑惠幫忙。這位媽媽很誠懇，我也覺得教學的過程對淑惠如何鼓勵別人、如何負起責任等有幫助，所以同意了。我們討論的結果是一個小時 120 元，如果只教 20 分鐘，就是 40 元。興致高昂的鋼琴課程好像維持了兩個月左右，後來沒再繼續，回到單純的一起玩，所以淑惠的教師生涯很快就暫停了。

因為有賺錢、零用錢存了不少、又有壓歲錢，以及從他爸那邊坳到一些錢，淑惠手上的錢多了，所以我必須引導他正確的金錢觀。此外，我先生的某些金錢觀很值得我學習，所以會以他的這些觀念來引導淑惠思考錢的意義與價值。

二、教導正確的賺錢觀

淑惠說他喜歡教鋼琴，因為可以賺錢。我鼓勵他不要為賺錢而教鋼琴，而應該是真的喜歡才去教。一個小時 120 元對他來說很多，但除非是興趣，否則勉強自己都是在浪費生命。我還跟淑惠談到如果工作不是你喜歡的，就是在用時間換取金錢，不管錢的多少，都是不值得的。換句話說，要從

事自己有興趣的事物，然後在從事這些事情時順便賺錢，才不會為了賺錢而犧牲、妥協，這才是比較好的賺錢觀。

三、教導什麼是值得的花費

我跟淑惠強調節省的重要性，也提醒該花的還是要花，不可以一昧節省。因為金錢還是要活用，才有價值。

例如，我讓淑惠瞭解什麼是重要的投資、什麼不是。所謂的重要投資，就是錢花了，對現在或長遠有所幫助。上鋼琴課一小時1000元我還能接受，買思樂冰15元我覺得很貴，因為思樂冰可以不買，長遠來說還可能造成身體傷害；鋼琴是有關學習的，學了以後就有這個技能了，所以不能不學。我平常很儉樸，但未來淑惠出國我一定支持，因為出國是該花的錢、是重要的投資。

希望透過這些說明，淑惠能體會花錢的原則，甚至建構他的金錢觀。

四、教導要讓金錢的價值偉大

淑惠認為錢的價值是在買東西、在過好生活，但我提醒，金錢的價值應該要更偉大才對。那時候爸爸剛好賣了一個房子，他的想法讓我體會到金錢價值的偉大。

那房子的賣價比行情稍低，我覺得可以再等更高的出價，爸爸卻說我們有賺就好了，賺多賺少而已，當我們買到便宜房子時非常狂喜，別人也會希望能買到低於市價的房子。而且，時間就是金錢，快點換成現金，就可以再做投資了，所

以是差不了太多的。他讓我體會到，作生意不是只求賺錢，而分享、讓買賣雙方都開心，才是最重要的。

2017 年 8 月 8 日，我們到士林夜市買手機配件，那位店員一直慫恿淑惠買，從頭到尾都不跟我說價錢，然後直接幫孩子把配件貼到他的手機上。我回來越想越不舒服，所以跟淑惠談到賺錢應有的原則。我說，做生意一定要厚道，賺錢當然很重要，但買的人更要開心，否則顧客就不會想再去買第二次了。而且，當這個店員一直都是用拐騙的心態在做生意時，他的心靈會變得多糟糕可能連他自己都不知道。淑惠說他瞭解了，也開始體會賺錢必須買賣雙方都開心，才是一樁成功買賣的道理。

第三節　生活教育的方法

在生活教育中，建立認同與養成習慣是同時進行的。我會透過對談與提醒，讓淑惠認同生活教育的重要性，之後會協助他養成習慣，希望能讓他發展出好的生活能力。

壹、建立認同

在生活教育中，我認為孩子「做成習慣」是不夠的，他需要瞭解、認同生活習慣的重要性，那麼當他長大、可以自己做決定時，才可能願意繼續這樣的生活方式。換言之，在

生活教育落實中，我非常重視要建立淑惠對生活教育的認
同。

　　從閱讀的資料中發現，各國教育都提到家事參與的重要
性，而且是在孩子很小的時候就開始了。他們相信，讓孩子
做到習慣，未來就能繼續做。但我的經驗並不是。我媽媽很
嚴格，以前我們兄弟姐妹週日睜開眼睛就是要整理家裡，長
大後，我們都不喜歡做家事，家裡也都不是很乾淨。

　　所以，我遇到兩個不同的力量，一個是各國的經驗描述，
也就是要在孩子很小的時候開始做家事、做到習慣就好，另
一個是我小時候的經驗，也就是在沒有引導下所建立的生活
習慣，長大後可能會決定不要延續這個習慣。

　　我的想法是，在孩子稍微大一點、能聽懂大人的解釋與
說明，能知道做家事、儉樸、善用金錢的理由之後再來練習
生活教育，才能達到事半功倍之效。因此，我沒有讓淑惠太
早開始生活教育，而是到近十歲、比較能理解時才開始。如
果不瞭解、不認同某個想法或作法，會在發現原來不一定要
維持這些習慣時而改變，就像我，發現原來不見得一定要在
週日一大早做家事時，就不想繼續這些習慣了。所以我相信，
讓孩子發展出對生活習慣的認同，才能建立根深蒂固的思想，
因而養成願意繼續下去的習慣。

　　目前我們家的生活教育執行得很辛苦、成效也不是很好，
所以想過或許書中的經驗才是比較好的方式吧！如果國外的
經驗是正確的，反正我已經錯過淑惠從小開始生活教育的黃
金時刻了。後悔於事無補，重要的是要思考現在該如何開始
面對、如何在孩子的這個年齡，開始培養他的生活能力。

貳、養成習慣

「習慣理論」[44]強調，生活中的習慣會形成一種潛意識，然後在你行動時扮演重要的支持力量。所以，當一個人有好的習慣，會在不知不覺中提升做事的成效，能力的表現自然會更凸顯。

習慣理論中強調，習慣是一種不易被察覺，也不易被改變的東西。一個人的表現雖然受到其知識結構的影響，但知識運用習慣的影響可能更為深遠。也就是，習慣領域一旦穩定，會在不知不覺間提高工作效率。

我認為，習慣的養成是需要來來回回，而不是一次完成的，也就是需要透過足夠的平衡與失衡的過程，才能建立相關概念及習慣。所以，沒有放鬆，孩子可能會變成被動的制約而表現出好習慣，這不必然是真的習慣。

我們家進行生活教育後的第一個月，我半逼半遷就地讓淑惠養成習慣後，就放手讓他自己來；一段時間他變得懶散之後，就從頭再來過一次。如此重複下去，希望最後可以真的養成他的生活習慣。

---

[44] 習慣領域（Habitual Domains）。2017 年 8 月 13 日，取自
http://www.hd.org.tw/modules/tinyd1/index.php?id=11
習慣領域理論 2017 年 8 月 13 日，取自
http://wiki.mbalib.com/zh-tw/%E4%B9%A0%E6%83%AF%E9%A2%86
%E5%9F%9F%E7%90%86%E8%AE%BA

第四節 省思

生活教育的落實相當困難，因為這些教育內容都是淑惠不喜歡的。所以，如何堅持的進行，以及在堅持一段時間後養成習慣，真的非常不容易。在落實過程中，因為落實成效不好，我進行自我檢視，才發現台灣父母對生活教育的重視程度可能還是不夠。

壹、成效不好的省思

孩子能否有好的生活習慣，關鍵在於大人能否堅持。到四年級結束前，淑惠生活能力與習慣都沒有很好，其原因很可能是，我不是一個很堅持的人。

生活教育的落實不是叫孩子做家事這麼簡單，孩子對為什麼要這麼辛苦的養成這些生活習慣不必然瞭解、需要好的引導與示範，更需要大人堅持到孩子真的養成這些習慣。然而，我自己的生活習慣也不是很好，加上個性太尊重孩子，無法堅持孩子一定要表現出某些行為，所以生活教育的成效很難看出來。此外，或許一年的時間還不夠建立生活習慣吧，但只要持續進行，並在一次次前仆後繼的解釋、提醒、等待之後，或許未來淑惠就能養成好的生活習慣了。

我不是一個堅持孩子一定要怎麼樣的人，好像也不認為一定需要這麼堅持。教育沒有一定的方法，生活教育也是。唯有透過不斷的提醒與溝通，以及必須是在良好的、有足夠支持的環境中，生活教育才能有效。

貳、台灣父母不夠重視

在 2017 年初高雄市的在家教育分區座談中,我的研究所學生有機會去現場觀看。回來討論時,一位日本學生（他是嫁到台灣的媳婦）提到孩子在現場跑來跑去,家長似乎不管,所以他覺得這算是台灣在家教育落實的一個缺點。

從這個外國人的角度,讓我體會到我們都知道生活教育很重要,但重視的程度可能還不夠,就像我,一年級的在家教育申請書中就提到要落實生活教育(當初的三大學習範圍,包括專業學習、自主學習、生活教育),但真正落實卻是從四年級才開始。換言之,我認同三者都很重要,但在落實中卻偏向專業學習。

為什麼台灣家長對生活教育的落實與認知間有這些落差呢?體制教育只強調教學成果與學生學科成績的提升,忽略生活與品格教育。家長也是在這樣的環境中長大的,所以,在認知上都知道生活與品格教育同等重要,但在落實時,卻可能忽略了而不自知。

透過外國人的角度,讓我重新思考生活教育「知」與「行」之間存在落差的可能。

第七章/鷹架教育

本章目錄

　　孩子需要自己探索與嘗試，也需要父母引導。讓孩子自己來的部分已在第二章說明，本章重在大人應扮演鷹架角色，以提供孩子一個引導、支持的力量。

第一節　鷹架教育的體會

　　孩子需要父母的牽手，才會覺得有安全感，也才能因其身教、言教而學習到更多的方法與態度。因此，父母扮演鷹架的角色、提供孩子支持的力量，是相當重要的。

壹、孩子需要鷹架

　　我相信孩子是很直觀的，所以會盲目地信任他們的能力與判斷；但在淑惠三年級下學期開始有更多自己來的機會時，才發現孩子原來會犯錯，以及，他們其實是需要大人的協助與輔導的。從以下三個事件中，我看到淑惠在做法、想法、學習上都有明顯的不足，因而體會孩子在成長過程中，需要大人來扮演鷹架。

一、時間到了還想繼續玩

　　2016 年 5 月 22 日，淑惠到社區朋友家玩，約定七點半回家的時間到了還想繼續玩，怎麼辦呢？乾脆心一橫，不管了，先玩再說。我左等右等等不到人，便開始生氣，最後受不了，打電話去追，終於把人找回來了。那時，我已經氣炸

了，所以情緒性的警告淑惠，下次我再也不要信任他了。淑惠看我這麼生氣，也知道是他不對，自然很難過，但當決定繼續玩時就已經有被罵的心理準備了，所以應該不是太難承受吧！

淑惠很快就睡覺了，我卻輾轉難眠。我想，今天這麼處理，淑惠以後能知道如何改善嗎？答案是否定的，但我赫然想到，很多父母在處理類似事件時，也都是到這裡就結束了，結果下次孩子還想繼續玩時，還是會用同樣的處理方式。

有些大學生遇到事情不知如何處理，所以乾脆不處理，其原因可能就是他們在成長過程中缺乏大人的引導、缺乏正確處理的示範，因而無法累積其問題解決能力。曾經有位學生期中考睡過頭，他知道是自己錯，但不知道該怎麼辦，乾脆心一橫、不管了，並準備好這堂課會被當掉；等我發現時，反而是我找他來問、輔導之後，主動給他一個補救的機會。

我發現，孩子不會處理問題，是大人的錯，而不是孩子，以及，瞭解孩子的想法其實並不成熟之後，隔天我試著引導淑惠，

> 你如果想要晚點回來，一定要事先講，也就是七點半以前一定要講，打電話來，或者跑回家說一下都可以。當我知道你有困難、你也有誠意要處理這個問題時，我會給你更多的寬容。如果你不處理，我就會覺得你不尊重我，當然就會越來越生氣。*(2016.5.23)*

　　教了一次、知道處理的方法後，淑惠完全知道想多玩一下時該如何處理，甚至開始運用在其他事物上。例如，游泳課結束時他總是很準時的出現在我們約定的地方，因為有遵守承諾，所以當他提出想去朋友家多玩一下的要求時，我是很容易答應的。又例如，當他不想上我的課、想整天看影片時，會在上課前告訴我他今天的計畫，並說服我看影片也有助於學習。既然孩子都分析過他對學習的計畫了，我只能順著他，然後他就可以快快樂樂的看一個下午的影片了。

　　透過一次引導，孩子就知道要在事前溝通、要講得出理由，這樣我才容易答應他的要求。儘管有時候我並不認同他的理由，但因為他的處理得宜，我就當作是犒賞他問題解決能力的表現吧！結果是，他發現這個「更好」的處理方式後，就越用越熟練，進而奠定問題解決的基本能力。

　　許多父母的處理方式，跟我第一天的處理一樣，生氣、罵孩子，讓他知道做錯了後就結束了，可能會錯失很好的教育機會。

二、不想去上舞蹈課

　　2016 年 7 月 9 日（六）要帶淑惠去上舞蹈課時，他說不想去，後來知道是因為淑惠是新生、需指正的動作比較多，老師有特地叫他出來糾正；淑惠覺得朋友都在看他，很丟臉，所以不想去了。我問淑惠下個禮拜六的最後一堂課，以及下次課程隔天的表演是否要參加，他說別人練得比他多，他舞步都忘了，再練一定來不及，所以決定不去上課，也不參加表演。

　　我本能的尊重淑惠的決定，後來想到，在這個狀況下尊重他，是默認他逃避的行為，所以在下次課程的前兩個小時，我決定說服他去上課。

　　淑惠認同我的想法（所以，孩子其實是有價值判斷的），但他非常害怕去面對問題（孩子還不夠勇敢），也怕趕不上其他同學（有同儕比較的壓力）。我說我一定會陪在他旁邊、會由我來跟老師溝通；趕不上的部分我會攝影、回來我們再練習。我要他相信，任何狀況，只要努力，都是可以補救的。

　　當天一去教室，淑惠很快就進入狀況，原本以為跟同學的差距很大，結果並不大（人都被自己嚇到）。隔天表演完後他非常開心，還說下一期要繼續跳。

　　淑惠在遇到問題時，第一個做法是逃避，如果沒有大人引導，可能會慢慢習慣用逃避的方式來處理所有問題。我相信，很多年輕人遇到問題就是放著、不去積極處理，可能小時候就是用這個方式在處理問題，因而無法提升其做事的能力。

三、音樂班期末考沒準備好

　　四年級下學期，淑惠兩隻手的各一隻手指頭化膿，無法練琴，他很開心及理所當然的休息，就算後來我覺得他已經好了，他還是會順口說還是會痛，並度過了一個多月的沒練習。

　　學校音樂術科期末考的前三天（2017 年 6 月 5 日），他中午哭著打電話給我，說他忘了要考指定曲，也沒練音階，所以他的期末考一定完蛋。我鼓勵他要勇敢面對，也就是，

練習是唯一可能改善問題的方式，而不是哭，以及，三天其實還是可以補救（我認為他可以練得起來，他堅持來不及了）。我回家後安撫他的情緒，並陪著他慢慢從完全不熟悉的樂譜開始練，隔天晚上，他果然勉強背起來了，再隔天熟悉一下，開始練音階，然後在 6 月 8 日的期末考順利通過。

我自己很矛盾，陪著他度過難關，卻覺得他沒搞砸期末考、沒有足夠的教訓很可惜。然後才想到，三年級下學期期末考也是類似的戲碼，但當時是因為老師沒有帶得很好，這次卻是因為他偷懶。

我發現，孩子可能還是需要大人陪著練琴，讓他完全自己來，就會出錯。

貳、鷹架教育的概念

「鷹架」概念是源自蘇俄心理學家維高斯基（Lev S. Vygotsky，1896～1934）的認知發展論。

維高斯基的認知發展論認為，人類高層次心理活動的學習，一開始是透過社會協商（social negotiation），也就是在與他人互動中，透過他人的調整（other-regulation）來進行。之後，才有可能慢慢變成透過自我調整（self-regulation）。也就是，最初兒童需要在成人或同儕的支持下學習，但當兒童的能力漸漸增加之後，社會支持的需要減少，學習責任就可以漸漸轉移到自己身上。

Bruner, Ross 與 Wood 根據維高斯基的這種觀點，將孩子得到成人或同儕的社會支持稱為「鷹架支持」（scaffolding），

強調學習者內在心理能力之成長有賴教學者或能力較強的同儕協助。

　　根據鷹架理論，孩子的認知發展有兩個水準：一個是實際發展水準（real level of development），也就是未經協助下孩子可以獨自完成任務所表現的水準；另一個是潛在發展水準（potential level of development），是指在協助下孩子可以完成任務所表現的水準。實際發展水準和潛在發展水準之間的距離，就是近側發展區（zone of proximal development 簡稱 ZPD），表示他人的協助或互動等社會支持，對兒童的認知發展具有促進的作用。。

　　例如，孩子自己玩、自己學習時，是「未經協助下可以獨自完成任務的水準」（實際發展層次）；當有大人或同儕在旁引導時，可以提升到「在引導或合作下可以解決問題的層次」（潛在發展層次）。所以，大人或同儕應扮演社會支持者的角色，就像蓋房子時鷹架的作用一樣。也就是，透過大人的引導與支持下，孩子才能在已有的基礎上，達到更好層次的發展。

參、鷹架教育的省思

　　在瞭解鷹架教育的概念之後，發現很多大人不見得意識到扮演鷹架角色對孩子的重要影響，就算知道了，也可能不知道如何扮演鷹架的角色。

一、大人不見得意識到鷹架的重要性

　　讓孩子自己學習、自己成長，而沒有大人的鷹架是危險的。當孩子經歷挫折時，大人陪在旁邊，這些挫折會變成釐清觀念、再次提升的話題與機會。當缺乏這些陪伴與引導、孩子必須完全自己來的結果，可能會變得退縮、消極、逃避。

　　在學校，上課時不能說話、下課時孩子打打鬧鬧的，很多問題都沒被看見。很多父母覺得孩子上學已經有老師在照顧了，回家只要寫完作業就好，他們忘了學校有很多孩子、老師很難一一關注。「乖孩子的傷最重」[45]就是因為他們的問題沒被看見、大人沒有給予引導，因而造成長遠的傷害。

　　所以，要信任孩子，但不要以為孩子不需要大人。當孩子能力有限時，如果缺乏大人的引導，可能會在錯誤的概念中重複錯誤，其潛能就開展不開了。孩子要長得好，除了要把不必要的干預的手拿掉、讓他們可以自由發展外，還需要有大人的鷹架，讓他可以依附、可以攀爬、可以超越。

二、大人不知道如何扮演鷹架

　　就算問題被看見，如果大人在引導時只想要解決問題，也就是訓誡、處罰、讓他知道做錯了就好，這還是錯失了引導、釐清、建立價值觀的機會，孩子的問題解決能力可能還是無法進步。換言之，大人可能並不知道如何扮演鷹架。

---

[45]李雅卿（1998）。乖孩子的傷最重--自主學習書信集。台北：元尊文化。

　　「時間到了還想繼續玩」的事件，是我第一次意識到扮演鷹架角色的重要性與困難。所幸之後我做了調整，淑惠才能學會如何處理問題，並由此應用在其他類似事件的處理上。所以，不是把問題解決、讓孩子知道他們做錯了就好，還要告訴他們怎麼做才是最好的方法。

第二節　想法需要鷹架

　　在在家教育過程中，透過觀察與互動，以及從以上事件中發現，孩子的不足包括：想法不成熟（想法單純、易受同儕影響、自我瞭解不足等）、做法不成熟（經驗不足、行動力不足等）、學習方法不成熟（找尋及理解資源、統整學習等能力不足）。

　　本節說明想法上需要鷹架的情形與支持的過程，之後以兩節分別說明後面兩者。

壹、孩子想法太單純

　　觀察後發現，淑惠的想法太單純，做法的反應也很本能，所以需要大人的鷹架，來提升其想法的力量。

一、想法單純、反應本能

　　淑惠的想法很單純，所以他的反應也很直接而本能，例如有壓力就退縮，有困難就逃避，而其方法，不外乎是不處

理、說謊、推給大人。例如，時間到了還想繼續玩，就不管對父母的承諾；答應要寄給朋友的東西沒寄出，就想用說謊來掩飾其疏失（細節描述在 P161-162）。因為想法單純，孩子對問題的應對方式不必然恰當、不必然能解決問題或紓解壓力，也不必然可以累積其能力，所以經常會看到他們做錯事，或有錯誤的判斷。

二、易受同儕影響

孩子間的同儕問題比我們想像中要複雜許多。

孩子非常需要同儕，但不必然知道如何處理人際關係。例如，在同儕壓力下，他們經常會相互比較、會遇到「跟我好就不能跟他好」的同儕排擠，因此，孩子會害怕跟別人不一樣、會在意外表、會羨慕他人，也可能找不到自己的定位。淑惠經常羨同學的琴盒、羨慕同學開始學琴的時間比他早、羨慕別人可以隨時買新的東西。他也曾因為幾位同學組一個表演節目、沒有找他而耿耿於懷。

這些人際關係的錯綜複雜，經常需要大人的引導，才能讓他們勇敢的做自己、不跟別人比較，也不受他人影響。

三、不理解自己的狀況

因為想法單純、只站在自己立場想、看不到事物的多樣面貌，孩子對自己的行為經常有錯誤的理解。例如，淑惠以為趕不上同學的練舞就不想去上課了；淑惠指使我做些很簡單的事，讓我覺得他幼稚又不懂事，但他以為這是可愛的行為（細節描述在 P157-158）。又例如，有一段時間淑惠琴練

得不好，但他自覺很認真，所以說「你就不能稱讚我嗎？我很認真耶。」我讓他依照我的要求進行練習，才練半個小時，之前五、六天還練不好的東西一下就全會了。

父母在旁，可以協助孩子看到自己的優缺，以及看清楚局勢。

貳、孩子想法的引導

我為淑惠扮演的鷹架，主要是在想法的引導，包括引導他要正向思考、鼓勵他要獨立思考、提醒他要加強同理心。

一、正向思考的引導

孩子的想法很單純，他們不知道要從其他角度想，所以當想的方向不正確，又沒人引導時，就可能越差越遠。淑惠經常覺得他做不到、覺得嘗試一定會失敗、覺得發生的事都很嚴重，所以容易未嘗試就放棄。以下是幾個引導正向思考的例子。

事件一：可以努力的地方要積極

2016 年 5 月 19 日（三）跟孩子到我的學校餐廳用餐，找了 50 元零錢。用餐後，大約走了 30 公尺的路到我辦公室的大樓時，孩子說想喝販賣機裡的飲料，才發現用餐找的 50 元零錢沒帶到。淑惠說「那就不要喝了」，我說「為什麼不回去找呢？」他說「應該被拿走了」。我一個人回餐廳找，錢就放在餐廳桌上。淑惠看我竟然可以把錢找回來，露出訝異的

眼神，因為他一開始就不認為錢找得回來。我提到，有機會就要去嘗試，嘗試了可能會失敗，但沒有嘗試，就一定不會成功。

2016 年 11 月 1 日我去英語課接淑惠時，他很開心的說他教鋼琴賺到人生第一筆 100 元，但同時發現褲子口袋破了個洞，只剩下 40 元（有一個五十元，五個十元）。我問他錢在哪裡掉的，他說可能在教室裡，我問他要不要寫簡訊請老師幫忙找找看，他說算了吧！我鼓勵他，任何努力都要去做，因為有嘗試就有機會，沒嘗試就一定沒機會。後來，錢沒找回來，但我們至少嘗試了。

事件二：無法努力的地方要欣然接受

無法努力的地方，就應該要接受，而且不是無奈，而是快快樂樂地接受。其方法，就是要正向思考。

淑惠想要有個妹妹，當我解釋我們的年紀太大，已經沒辦法懷孕，領養孩子也有五十歲的年齡限制時，他提到那他來認養，因為他還未滿五十。

我說，有一個妹妹有很多好處，但也有壞處；一個小孩有很多壞處，但也有好處。淑惠有段時間不喜歡一個親戚的小孩，說不跟他玩。我說，如果你有一個妹妹，這個妹妹就跟這個親戚小孩一樣是你不喜歡的，要怎麼辦？他說那就去找朋友玩。我說，那就乾脆現在就去找朋友玩吧！我想說的是，珍惜手中擁有的，才是最重要的。

其他類似的事件，包括他羨慕同學的琴盒。同學的琴盒很輕，每次淑惠在搬琴盒時就提到同學的琴盒、並直言羨慕。

我跟他說要珍惜自己擁有的，他還是無法釋懷。有一天，他以前的小提琴老師來訪，稱讚他的琴盒很漂亮，他說這個琴盒太重、他不喜歡。老師說，這表示琴盒的保護力很好，所以這是個很好的琴盒。至此，他才喜歡上自己的琴盒。

二、獨立思考的引導

孩子容易受到同儕影響、缺乏獨立思考的能力，包括不自覺的會跟人比較、會擔心自己不是個乖孩子。所以，我試著引導他的獨立思考能力，包括不要比較、不見得要聽話，以及要瞭解自己。

事件一：不要比較

三年級回學校上音樂課後，淑惠開始會跟同學比較，比誰幾歲開始學琴，比誰練琴的時間最長。三年級下學期淑惠說同學每天練兩、三個小時，但他真的沒辦法練這麼長的時間。我說不用跟別人比，找一個最適合自己的方式就對了。

有一天，淑惠回家說他「視唱聽寫」考試得到全班最高分，以及同學的成績表現情形。我知道他希望我讚美他，但我只是說每個孩子都很棒，因為有人學得早、有人學得晚，所以很難比，重點是每個孩子都很努力了。我希望他瞭解，最好的方式是跟自己比，包括你有沒有比之前進步、有沒有比之前更用功。

孩子很容易跟別人比較，如果父母能引導他不用跟別人比較，那麼他就不會總是看著別人比來比去，而能學會看自

己的興趣與需要。父母的價值觀決定了孩子能不能自在地做自己。

事件二：不見得要聽話

我經常跟孩子說不見得要聽話、可以擁有自己的秘密、可以有跟爸媽不一樣的意見，因為我相信孩子是獨立個體，所以要有獨立思考的練習。

首先，我讓孩子知道他可以有自己的秘密。三年級上學期末，淑惠說他越來越喜歡上日文課了，因為他們班有一位六年級的同學很帥，他好喜歡看帥哥，然後提醒不可以告訴爸爸或任何人。我說「*我很開心你跟我說秘密，我絕對不會說出去，但如果你有什麼秘密不告訴我也沒有關係，因為每個人都可以擁有自己的秘密*」。

其次，我讓他知道他可以有自己的想法。三下開始，淑惠的很多行為都在宣示他已經有自己的想法了。例如，他不讓我進房間、不准我親他、將手機設密碼。淑惠還做了一些違反我們意願的事，比如偷偷的去玩偶像學園的遊戲台、透過網站跟「朋友」交換卡片（這些朋友我大約確認過，也是國小的孩子而已，但未來會有什麼演變還不確定）。我沒有責備他，只是讓他知道我的擔心。我鼓勵他可以自己騎腳踏車去百貨公司玩遊戲台或去郵局寄東西，因為我希望他能不依賴我們的做自己想做的事，只是爸爸擔心交通安全，最後還是決定由我們接送。

事件三：要瞭解自己

　　淑惠不知道他的某些行為是不妥的，有些他自認為可愛的行為，卻是我非常希望他改進的。

　　狀況是，淑惠新認識一位鄰居朋友叫小英（化名），才一起玩三、四個周末就決定不跟他交往了，因為他不喜歡小英的公主病。其實，淑惠也有公主病，只是他沒有意識到，所以我們花了很長的時間針對這個議題進行對談。其紀錄為：

　　淑惠說，小英有嚴重的公主病，每次請他改都不改，而且還堅持這不是公主病，所以不想交這個朋友了。我說，他可能真的不認為這些是公主病，不然早就改了。你也有公主病，我也請你改，但你也都不改呀。淑惠很訝異，他不認為他有公主病，所以請我舉例。

　　我說，有時候你會叫我做些很簡單的事，喊來喊去，而且覺得有趣，這像不像無聊公主做的事？有時候東西亂丟，拖拖拉拉不收拾，最後只好由我收拾，這些行為好像是需要別人服侍，所以也是公主病。其他類似的行為包括：（1）挑食，讓阿姨（親戚住在鄰居，會煮晚餐給大家）準備食物時，好像要你開心你才願意吃；閱讀時只看《巧連智》，我買的很多書都不碰，這讓準備的人覺得很挫折。（2）要別人服侍。喝牛奶要別人倒，還故意衣服亂丟、鞋子亂踢，房間弄得很亂，所有東西都要別人弄得好好的，請你整理還要催很多次。（3）沒有責任

感。上課拖拖拉拉、沒有動力，自己的事不能負責、沒
辦法自己來，這些都是公主病的特質。（2016.12.26）

　　淑惠聽了非常訝異，他解釋，這些行為是因為他很懶，
而不是公主病。我說，你覺得小英有公主病，他不覺得，所
以當有人認為你有公主病時，很可能你真的有，只是你自己
不清楚罷了。

　　原來，生活教育還是要重視孩子認知的建立，否則就像
現在，淑惠根本不認為這些是公主病，所以怎麼教都沒用。

　　2017 年 7 月 27 日，淑惠還記得半年前的這次公主病對
談，並表示這是讓他意識到問題所在，以及決定要進行改變
的重要對談。確實，在這次對談之後，淑惠的公主病狀況真
的改善了很多。

三、同理心的引導

　　淑惠有時候因為愛玩、想依賴，或想偷懶，會表現出缺
乏同理心的樣子。透過適切的引導，淑惠會知道同理心的重
要性，以及自己在這方面的欠缺。

事件一：怎麼可以不讓我好好睡

　　2016 年 9 月 4 日凌晨，淑惠突然睡醒，說他肚子痛。我
剛好喝了酒，要助眠，在痛苦中拿胃乳片給他吃，還幫他按
摩。約半小時後他比較不痛了，然後說要去跟爸爸睡，我說
那裡太冷，你跟爸爸睡，我睡房間。剛要睡著，淑惠又說希
望我也能陪他睡，我又在痛苦中把棉被枕頭全部搬過去，然

後想到，他已經不痛了，為何我還要這麼痛苦的搬來搬去，尤其是搬到我覺得太冷的地方。然後我生氣了，說你已經好了，還讓別人這麼痛苦，一點都沒有「把別人放在心裡」。

　　把別人放在心裡其實是不容易的事，那真的是要站在別人的立場想。淑惠說他理解，以後會改進。

事件二：讓你來扮演他的角色

　　2017 年 8 月 20 日，在阿公家，淑惠跟表妹爭吵誰有權力看電視。其實整個事件錯綜複雜，各有各的立場，也各有道理，只是表妹比較強勢，淑惠位居下風。

　　淑惠覺得很委屈，覺得表妹欺負他，而且難過的哭了。在同理淑惠的難過心情之後，我請他扮演表妹的角色，我來扮演他，然後進行對談，他才發現表妹其實也是有委屈的。我告訴他未來如果遇到類似情形，要先同理對方的感覺，這樣才不會因為據理力爭而讓對方受委屈。

　　淑惠表示他懂了，而且表示他很喜歡這種「角色扮演」的遊戲。

事件三：台灣交通缺乏同理心

　　我經常接送淑惠上下課，對台灣的交通亂象感受深刻，因此經常跟淑惠討論同理心的重要性。台灣人的同理心普遍很差，沒有想到會造成別人的不便，這在交通上更是明顯，包括想開快就開快、想慢就慢，馬路當中可以停車，想轉彎可以不打號誌等。

有一次去高雄某表演廳欣賞音樂表演，節目結束到地下室開車時，發現每部車都急著離開。大部分的車要直行，我們要轉彎，沒人讓我們。我問淑惠對這件事情的看法，並引導禮讓是對人的體諒，以及吃點虧其實是佔了更大便宜的同理心思維。

第三節 做法需要鷹架

除了想法上有很多不成熟的地方，淑惠在很多事情的做法上，也需要大人的引導。

壹、孩子做事經驗不足

因為缺乏練習的機會，孩子在處理問題時，其做法經常不是很恰當。

一、經驗不足、判斷錯誤

孩子年紀小、經驗不足，所以做判斷時經常會犯錯。淑惠在遇到困難時，第一個想到的是請我幫他，如果是會被我罵的事就說謊，或乾脆不處理，以避免面對問題。這些是不恰當的處理方式，但如果一直缺乏大人的引導，孩子只能一再運用錯誤的方式來處理問題，長大後就會變成一個處理能力不好的人。

二、缺乏行動力：會害怕，會逃避

孩子會害怕，包括怕鬼、怕黑、怕面對陌生人、怕做沒做過的事，也怕被同儕孤立等，結果經常逃避與退縮，或者拖拖拉拉，因此顯得懶散、不負責任、行動力不足。當逃避似乎行得通，或只是被大人罵一罵就沒事時，下次就會用同樣的方式來處理，長大後就不知道該如何正確的處理問題了。

此外，當他向大人求救，大人就幫他把問題處理好後，他會知道大人可以依靠，然後就更缺乏自己來的行動力了。所以，我們大人要在旁邊給予鼓勵、要引導他嘗試的勇氣，但也要適時地拒絕，讓孩子自己面對，並體會自己來的可貴。

貳、孩子做法的引導

大人可以為孩子扮演的鷹架，除了想法上的協助，還包括做事方法上的引導，也就是要引導他們善用方法，以及要自我完成。

一、問題解決能力的引導：不要逃避

孩子處理問題的方法，除了會希望別人幫他做外，最常用的方法是逃避。

淑惠跟朋友在 Line 上交換偶像學園卡片，並用郵寄方式傳遞。在四年級寒假開始前，他答應朋友要把卡片寄過去，後來貪玩、忘了時間。寒假結束前，對方的留言很生氣，淑

惠自知理虧、不知道該怎麼辦，只好告訴我細節。他想到的
處理方式是跟朋友說個謊，來逃避所需面對的問題。

我說，處理事情時，原則上不要說謊，因為別人可能猜
得到，然後就不會再信任你了。我覺得最恰當的方式是實話
實說，但要在說的時候做兩件事，第一件是誠懇的道歉，讓
對方知道你的誠意；第二件是要提出你目前想做的處理方式，
讓對方知道你在嘗試補救。也就是，遇到問題，要勇敢、妥
適的處理，不可以用說謊或其他方式逃避。

淑惠照我的建議處理了，然後一切順利。

二、人際關係的引導

淑惠在人際關係上沒什麼問題，但他喜歡領導，所以有
一些我可以引導的事件。

2016 年 9 月 27 日颱風天，淑惠的朋友來家裡玩。玩很
久，家裡又滲水，我忙著擦拭，孩子們在玩手機。淑惠知道
我不喜歡他們玩太久的手機，跟朋友說「我們再玩五分鐘就
停了，好不好」，然後跟我說「我有叫朋友再玩五分鐘後就要
結束歐。」我當下聽了不是很舒服，但還在弄水，朋友們也
都還在，所以沒跟他細談。

朋友回去後，我跟淑惠說，應該要講「我們五鐘分後就
會結束玩手機」。要人際關係好，一定要把功勞給大家，而不
能自己一個人全包。「我們五鐘分後就會結束玩手機」的說法
是讓每個人都有功勞，朋友們才會覺得你不是一個霸占所有
功勞的人。

　　類似的事件是，2016 年 12 月 5 日淑惠的另一位朋友（之前提到有公主病的小英）告訴我關於他們沉迷偶像學園遊戲的情形。狀況是，小英說要送淑惠卡片，後來反悔，但淑惠覺得既然說要送人了就不能反悔，所以不還他。小英為了取回卡片，只好全盤托出，連他們怎麼偷偷去玩、怎麼找錢的情形都一併說了。在處理之後，淑惠說他有「被背叛」的感覺，因為這些「壞事」是他們一起做的，但現在好像都是他一個人的錯。我在心理建設之後提到信守承諾、不背叛朋友等議題，就像「我有叫朋友再玩五分鐘就結束」一樣，我們一定要重視義氣、一定要把朋友放在心裡，這樣才能讓自己成為一個值得交往的朋友。

三、勇於行動的引導：「要有流言追追追的精神」

　　我經常跟孩子說，任何事都要積極主動、踏實的去做，而不是嘴巴說說而已，所以，要學會找出解決事情的方法，並實際動手的去執行。

　　2016 年 7 月 3 日，淑惠告訴我新買的空氣濾淨機壞掉了，因為怎麼按都不亮。我一看，本來插好的插頭鬆脫了，當然按不亮。我讓他看看鬆脫的插頭說，「*你不是喜歡看《流言追追追》的節目嗎，為什麼有事情的時候，你連追都不追。你不能被動的依賴我的協助，你要發揮找出問題的能力與好奇心。*」將他當下的缺點跟他喜歡的節目相結合，是我事前也沒想到的提醒，卻發現效果不錯。我才講過一次，他就知道我的意思。

　　類似的例子是找手機。有一天（2016 年 7 月 16 日）淑惠的手機不見了，連找都不找的告訴我找不到，我實在不想幫他，所以試著告訴他要運用一些方法，「*你可以想想最後一次使用手機是在什麼地方，然後慢慢想手機可能放的地方，而且你還要真的去找找看，因為行動才是最重要的*」。我才要再繼續說，淑惠就說，「*我知道，要有流言追追追的精神*」。幾分鐘後，他開心的說找到手機了，是用回憶加行動的方法找到的。

　　再隔幾天，我們一起看新聞，提到女性每周運動 2.5 小時可降低心臟病風險[46]。淑惠問我什麼是心臟病，我一下子也說不出來。他拿起平板自己查，幾分鐘後告訴我心臟病中最危險的是心肌梗塞，這是一種心臟的肉腐壞了的現象。之後他問「我這樣是不是很有流言追追追的精神呀。」為了加強他自己處理問題的表現，我刻意給了很多讚美，淑惠非常開心。

　　孩子遇到不喜歡做的事情時是非常懶的，當他發現有人可以幫忙時，更是不會主動（叫別人做比較快），如果這個情形繼續下去，孩子缺乏自我完成的經驗，長大後可能會變得很懶惰。所以，父母應創造讓孩子有完成事物的成就感，他才能知道付出的可貴，以及責任的所在。其次，有時候我們要幫他，有時候我們必須拒絕。發現媽媽太好用時，孩子會

---

[46]女性每周運動 2.5 時　降心臟病風險。台灣新生報記者蘇湘雲，2016 年 7 月 27 日。2017 年 8 月 13 日，取自
https://www.tmall.com/mlist/de_AjLkwOB_UC160IHHo0BeJA.html

習慣叫你幫忙，如果你沒有拒絕，就沒完沒了，孩子也會因此失去練習的機會。

雖然孩子要有完成事物的經驗，但我還是認為，孩子不需要這麼早長大，他應該享受當孩子的樂趣，所以讓他們負責任的拿捏要很慎重。

四、自我完成的引導：自己的事情要自己處理

2016 年 7 月 4 日淑惠參加世紀合唱團的表演（「雄大的冒險之旅」），結束時他很惱怒的說，他有被選到「表現好」的孩子，所以可以得到兩個禮物，但他只拿到一個，而且還是壞的。我說，現在大家都很忙，應該不是故意忽略你，如果你可以不在乎，我們就回家吧，如果很在乎，那就去跟他們說。

淑惠決定去跟他們說，但卻要我幫他。那位阿姨鼓勵淑惠自己說，因為他不要看到凡事都需要媽媽幫忙的「媽寶」。雖然扭扭捏捏，最後淑惠自己說了。

2016 年 7 月 5 日晚上淑惠要去拔牙（牙齒從牙齦處長出來了），到診所時哭喪的臉說他沒做好心理準備，我說那就現在開始準備。回家的路上，我提到「勇敢面對」及「扭扭捏捏面對」都是面對，但我希望他是勇敢面對，因為扭扭捏捏對問題的解決沒有幫助。我提到淑惠小時候跌倒時是直接爬起來繼續跑的，這就是勇敢面對。未來還有很多辛苦的過程要面對，希望他能記住勇敢面對的感覺。

有點擔心這樣要求是否太高，但淑惠似乎可以接受。

五、自我保護的引導：自行搭計程車

四年級下學期初，鄰居媽媽告訴我淑惠做了一件事，讓他的先生很生氣。

狀況是，淑惠很想去百貨公司玩偶像學園機台，大人們剛好都有事、無法帶他們去，所以淑惠偷偷帶著鄰居的兩個孩子從社區搭計程車去百貨公司，玩完之後再搭計程車回來，並約定好這件事情不要讓大人知道。鄰居爸爸知道了很生氣，又不好跟孩子計較，所以對淑惠的態度變得不甚友善。

淑惠以為沒人知道，當發現大家都知道了時有點慌，並問這件事情已經過了很久了（應該有一、兩個禮拜了），可不可以不處理。我秉持「妥適處理大事可以化小、逃避處理小事可能惡化」的理念，還是要他表達歉意，所以當晚讓淑惠寫了 Line 去跟鄰居爸爸道歉，並說下次去他們家時會帶著自己畫的道歉卡片（我不確定後來他是否有帶卡片去）。

從這個事件中，發現淑惠的個性可能比我想像的還要大膽。我在一兩年前曾帶他搭過一次計程車，我們社區又不是很多計程車，他竟然能完成這件事，也算是佩服他。其實大膽冒險有好處，也有缺點，我希望淑惠知道冒險時要注意自身安全，以及，不要隨便帶著別人冒險，因為這是有責任的。我允諾他未來要冒險時我可以陪他，只是確認安全、不會干預他所進行的事。

此外，淑惠還是會逃避問題，甚至以為只要大家約定好不說，就不會有人知道。

第四節　學習需要鷹架

　　四年級開始，我們的生活重心確實是從專業學習轉換到生活學習了。所以在學習的陪伴外，我們的更多時間是單純的生活在一起，並透過生活事件的對談來進行引導。

　　那麼，淑惠認知學習的引導，又變成什麼樣子呢？淑惠的音樂學習依賴學校、外語學習依賴才藝班，舞蹈學習由他自己來，所以我在學習上的協助，似乎只剩陪伴練琴及人文素養的課程了。從這些陪伴中發現，淑惠在課堂中聽人講解時的吸收很快，但學習方法及自主性則有所不足。

壹、孩子的方法能力不足

　　我發現淑惠的蒐集、解讀資料能力都不足，也缺乏統整資料的能力。在四年級的教育歷程中，知識獲得似乎不再是教育的重心，學習方法的示範與引導，才是我們比較重視的。所以，我會帶著淑惠一起找資料，還會跟他共同閱讀資料；在次數不多的上課時間，我們還會把不同教材交互使用，以進行統整的學習。以下分別說明之。

一、蒐集資源的引導

　　淑惠音樂、外語的學習是依賴學校及才藝班，不需要額外的學習資源（其實還是需要，但多是由我來找尋）；家裡的書或學習資料大部分是我買或找的，淑惠練習蒐集資料的機會不多。此外，淑惠遇到困難時很習慣用問的，而不是自己

找答案，所以更是缺乏蒐集資料的練習。所以蒐集資料的引導，是我在他學習上扮演的重要鷹架。

　　一開始我會示範及說明如何蒐集資料，之後總是提醒他要自己找答案。此外，我盡量讓他有自己搜集資料的資源，例如，我幫他準備字典，告訴他查字典的方法，並請他自己查資料；我還會引導他找到適切的網站，並示範尋找資料的過程。

　　其實淑惠還是會自己尋找資源，但不是學習方面的，而是他喜歡、有興趣的事物，而且大多是單一的 youtube 資源，包括找歌、找史萊姆影片，以及他喜歡的片子。他還會製作影片，然後傳到 youtube 上，包括分享他製作史萊姆的影片，以及把家裡的東西掛到網站上拍賣（並沒有任何買家詢問）。當我引導他找尋或製作學習資源時，他也是興趣缺缺。例如，在看了《地圖》、《中國歷史地圖》等書之後，我們很喜歡這種形式的教學資源，我想到西洋美術史也很適合做成類似這樣的大書、鼓勵淑惠自製，但他的意願不高。

　　我想，先讓他做他想做的，而我則持續引導，希望能慢慢地有些影響發生吧！

二、理解/閱讀資源的引導

　　除了找資源顯得被動，淑惠在閱讀及理解資源上也不是很積極，而這就是為什麼我會認為他是聽覺型學習者的原因。

　　首先，淑惠有疑問或有不會寫的字時，總是來找我、希望我告訴他答案，而不會自己找；如果有些資料字比較多，他也是習慣要我念給他聽。

　　知道淑惠不喜歡看字、找資源的意願比較低時，我會在協助之後鼓勵他自己看資料。上課時，會由我先看資料，然後一邊念出資料內容，一邊將重點寫在紙上，寫的內容包括寫字、畫圖、畫箭頭等（請參考圖 1-8）。之後，我會請淑惠照著抄寫一次，除了可以讓他多點寫字的練習外，也可以學習怎麼做筆記。

　　此外，我還會要求淑惠以讀出聲音的方式來加強閱讀的理解。例如，在他自己閱讀成語故事時，我會請他從幾個例句中選出一個，然後唸出聲音。希望透過任務的完成，以及透過聽覺的學習方式（選出覺得最棒的例子，然後念出來），淑惠能更專心的閱讀資源。

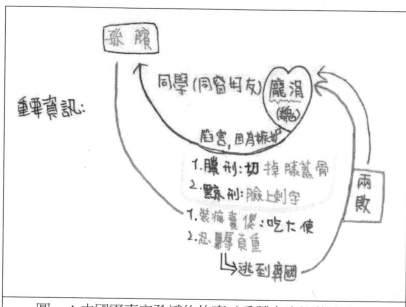

圖一：中國軍事家孫斌的故事（重謄自上課的內容）

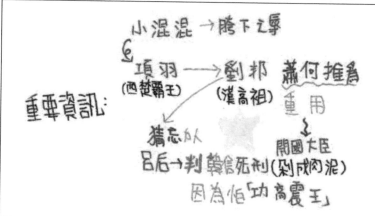

圖二：中國軍事家韓信的故事（重謄自上課的內容）

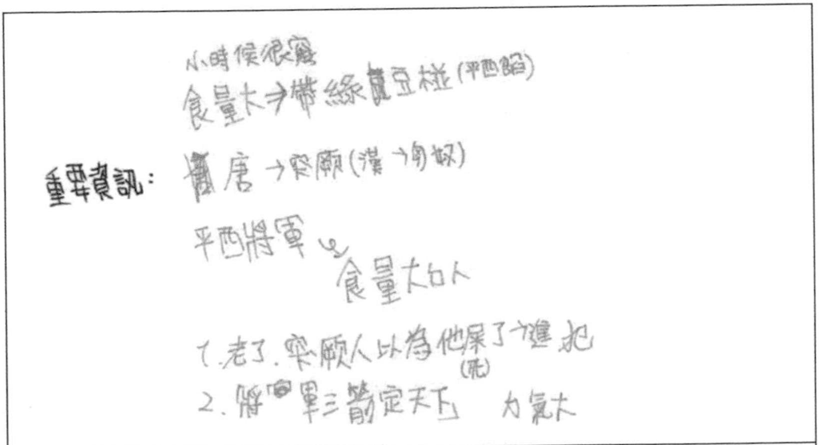

圖三：中國名將薛仁貴的故事（重謄自上課的內容）

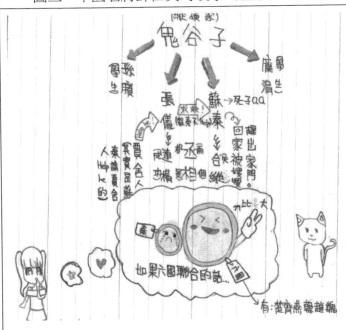

圖四：縱橫家鬼谷子的故事（重謄自上課的內容）

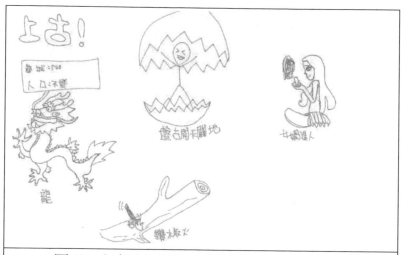

圖五：上古時代的種種（重謄自上課的內容）

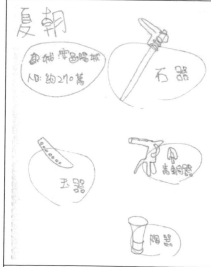

圖六：夏朝的種種（重謄自上課的內容）

圖七：最喜歡的日本（模仿《地圖》繪製）

圖八：最常聽爸爸談的中國（模仿《地圖》繪製）

三、統整資源的引導

在跟淑惠上課過程中，發現不同領域的有些教材內容，是可以統整在一起的。例如，學到世界史的四大古文明，就在地圖上找出這四個國家的位置，順便看看發展這些文化的河流。看到在愛琴海發展出來的希臘文明，就聯想到文藝復興是從義大利發展出來的；因為這些都是在地中海發生，所以我們回到地圖，將地中海四周的國家都看過，還討論為什麼這個海灣可以孕育出如此多元的文明（主要是在亞洲、歐洲、非洲的交界處，所以文化複雜、多元）。

再例如，《世界最重要的 52 件事》的書，是很簡單的世界歷史說明。它不是重在發生什麼事，而是發生的這些事如何造成世界的影響，所以我覺得更具有史觀。在看這本書時，我們還會重看《地圖》一書，以便讓淑惠知道歷史事件就是在地球上的國家之間發生的。此外，我們利用網路資料，上了一些西洋美術史的課程，從愛琴海的希臘美術史，談到地中海的文藝復興，然後再把歷史與地理結合。

貳、孩子的學習動力不足

我引導淑惠進行學習時，他可以表現很好，但只要我沒辦法陪著他學習，他就恢復原來的方法及態度，學習自主性相當不足。例如，他有問題時會問我，但我不在或沒辦法馬上回答時，他就忘了這件事，而不會試著自己解決問題。當找到資料時，他喜歡請我唸出來，或請我看完後解釋給他聽，而不會自己去瞭解資料的意思。當我引導他使用教材時，他

可以順利學習，但我不督促時，他就不聲不響地忘記這個教材的存在。

我提醒淑惠有問題時要自己找答案，不要總是等著我，以及，要主動找尋答案，不要太懶。目前，還在持續努力中，而孩子學習的動力，也還不是很明顯。

第五節　鷹架教育的方法

在鷹架教育中，父母能否進行適切引導的關鍵，是在父母是否願意做長時間的陪伴，以及在過程中是否能進行自我的提升。

壹、陪伴的承諾

「投入承諾」是一種願意投入的企圖心。孩子是非常需要大人的，但他們需要的是單純的陪伴，而不是對他們學習的過度協助。例如，淑惠需要我坐在旁邊看他彈琴，但只是要我看、希望跟我分享，不需要我介入、也不需要我給建議。當我坐在旁邊，他就有安全感、就比較有勇氣嘗試新曲子的練習。

然而，很多父母有太多想做的其他事，所以不能享受其間，教育的落實自然無法順利。所以，想清楚你對在家教育投入的承諾，才能真正享受這個辛苦的過程，也才能有更好的教育成效。

貳、父母增能

　　為了擔負起鷹架的角色，我提醒自己要自我增能，包括自我生命的提升、想法的解構，以及教育理念的釐清。

　　在生命的提升方面，什麼是重要的、值得的、需要追尋、可以放棄的，這些都需要深入思考。有人說，看看父母，就知道孩子能不能教得好，所以大人的生命一定要健康，才能有深遠的身教影響。

　　在想法的解構方面，要做生命的提升、要進行在家教育，很多想法必須先解構，否則逃脫學校而選擇在家教育，很容易在家中複製學校的經驗。想法無法解構，選擇任何教育方式都逃脫不了同樣的結局。

　　在脫離框架、先解構再建構之後，就要進行教育理念的釐清了。看書是我釐清教育想法的重要管道（我是視覺型的學習者）。我不會主動看什麼潛能發揮或考取好大學的書，這會讓我走向另一個方向。我是自然主義者，所以會希望用自然的方式來進行教育。我會到圖書館或書店隨興地看書，慢慢找出喜歡、跟我理念相近的書，然後就可以在閱讀跟我理念相近的書籍時，慢慢釐清想法，以及更確認自己的教育理念。

第八章/在家教育的理念

本章目錄

　　在四年級下學期末，也就是這兩年在家教育的最後階段，我將六個教育策略的落實資料整理得差不多時（也就是這本書快完成時），才想到這些教育落實的核心理念到底是什麼的問題。經過整理後發現，我總是在大人主導（父母應扮演鷹架）及讓孩子主導（父母應學習放手）的兩個面向間游移與掙扎；以及，在落實過程中，我總是希望淑惠能具備某些能力，而這些能力的培育，也影響著我的教育落實。

　　以下僅就我們的教育核心理念，以及我心目中的培育目標進行說明。

第一節　核心理念

　　我在進行主導時，總是記得自主學習是我申請在家教育時的初衷，所以經常會提醒自己要放手；但在放手過程中看到孩子的不足時，又會忍不住積極介入、希望扮演鷹架的角色。發現，不論是孩子主導或大人主導，都是我的重要教育核心理念。有關核心理念及其落實的原則與方法，請參考表4。

表4：在家教育的核心理念及其落實

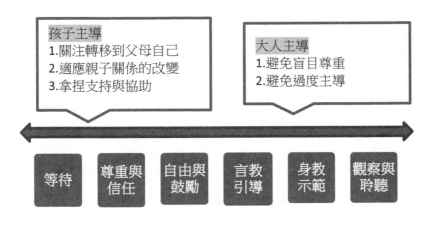

壹、孩子主導：父母應學習放手

為了讓孩子可以主導其學習，並發展出自我負責的態度，大人必須學習放手。以下，僅就我所思考及運用的放手原則及方法來進行說明。

一、放手的原則

孩子主導是教育過程中一個很難養成，卻非常重要的特質，而且必須從大人的放手開始。我發現，不管我逼著孩子，或者放著他不管，孩子都是用他的速度、方式在不疾不徐的成長，然後體會到放手教育原來是可行的。然而，放手對容易擔憂的家長來說，卻是極大的考驗，因此，要讓孩子主導，以及要放手的關鍵，是在大人的心態調適。

　　首先，大人的關注必須轉移到自己身上。大人的擔心只會造成孩子自我主導的阻礙，唯有大人把對孩子的關注轉移到對自己的重視時，才能給自己及孩子空間，也才能讓更好的自己成為孩子成長過程中的重要力量。我目前想做，也可以做的事，包括我努力的做紀錄、寫書，讓自己更有成就感，以及，我花更多時間在準備學校課程以及跟學生對談，也就是讓自己投入在我喜歡的教學工作上。然後發現，當我自己有事情在忙時，才能給孩子更大的空間，孩子才能有機會自我主導。

　　其次，孩子主導，大人就必須接受及適應親子關係改變的事實。淑惠小時候什麼都需要媽媽，我只能把工作上的衝勁放慢，來適應孩子的需求與步調。就在我習慣他的依附，也開始依附他時，淑惠開始有主見、開始需要交朋友、開始要從我的身邊脫離，這時，我似乎又必須學習及適應另一種生活模式。不過，孩子的成長就是如此，所以我經常提醒自己，我們愛孩子，就是希望他未來有能力展翅高飛，所以讓孩子主導、讓他們脫離父母的過程，也是我們必須接受的。

　　最後，孩子主導，表示凡事要讓他們自己來，但孩子畢竟是孩子、還是需要我們的協助。孩子小時候非常需要我們，所以事事我們都必須提供協助，但當他不再需要大人的亦步亦趨時，父母的付出反而可能成為孩子「自己來」的阻礙，甚至因為發現大人可以幫他們解決問題，而養成依賴、懶散的個性。所以，大人必須依據孩子的成熟度而思考支持與協助的拿捏，因為，給孩子充分的支持與協助很重要，但適切的拒絕，才能讓孩子的自主性更快開展。

在《甘蔗有多高：幼兒測量概念的學習》[47]裡有一段拒絕孩子的相關精彩描述。當老師帶孩子去木材行購買要做的柵欄材料時，因為需要 34 根柵欄，而木材很長、可以從中間切一半而變成兩根，所以孩子們決定買 20 根長木材就夠了。回去以後，發現找不到長木材的一半，隨便一切，長的那端可以當柵欄、短的就當成刀劍吧，所以要求老師帶他們再去買 20 根。老師當場拒絕，無奈的小朋友們只好回頭用各種方法找到長木柴的中間，而發展出非常有趣的數學測量課程。

二、放手的方法

為了讓孩子自己主導，我採用的放手方法包括：要學習等待、要尊重與信任，以及要提供自由與鼓勵。

（一）等待

孩子的成長是需要等待的。想自我主導的孩子在小學階段的學習成就，大多沒辦法趕上同學，因為他們需要更長的時間來慢慢學習自己來，然後才能看到學習上的成效。在孩子主導的過程中，會有很長時間的無所事事、沒有效率、經常犯錯，所以大人要學會等待、學習控制對孩子的期望，才不會因擔心、急躁而介入，甚至影響孩子的學習腳步。「很多東西不學其實也不會怎麼樣」，就是我在看不到教育成果時，用來勉勵自己繼續等待的一個想法。

---

[47] 《甘蔗有多高：幼兒測量概念的學習》（信誼基金出版社，2013，二版）

等待對性子急、積極的我來說是很辛苦的，所以我會盡量將對孩子的關心轉移到自己身上（所以我很認真的寫書），以避免因擔心孩子而進行干擾或主導。

（二）尊重與信任

當被絕對尊重、信任時，我們很容易肯定自我的價值；如果是被壓抑或干涉，則無法順利成長。所以，為了讓孩子主導，我必須尊重及信任他們。

首先，尊重孩子自己來的能力，以及堅信孩子是屬於他們自己的，而不是我們大人未完成心願的替代品時，就會知道我們只是陪孩子一段，而不會事事越俎代庖了。此外，在變遷快速的現代社會中，我提醒自己我不是全然都對，所提供的協助或建議也不見得是孩子未來真正需要的，所以尊重孩子可能是最好的方法。最後，接受孩子跟我不一樣的事實，也是我不斷提醒自己的，否則淑惠再怎麼努力，都是沒辦法符合我在閱讀上的期望。

在信任方面，父母都愛孩子、都容易擔心，當不能理解孩子在探索什麼的時候，談信任確實是個挑戰。當我把孩子當成大人來對待、當信任他，以及放掉擔心時，孩子才能盡情嘗試、才能變得成熟、才能學會自我負責。當孩子都聽我的，那他如何超越呢？所以，當孩子做我不能理解的事時，我應該要覺得慶幸，這表示他是個有主見、勇於堅持自己的人。

台灣教育充滿了許多擔心及不信任，所以會不自覺的干擾孩子的學習，自主學習的目標就更難達成。例如，我們經

常派作業給孩子或定期讓他們做評量，因為我們認定孩子不
會自己用功，以及如果不考試，他們就不會自己讀書。這些
擔心及不信任，以及延生的相關做法，會把孩子的生活填得
滿滿滿、讓孩子看起來很忙，所以安了我們大人的心，但不
見得能讓孩子樂在學習。當我們擔心、不信任時，會開始防
弊，孩子就沒有自己來的機會，嘗試的勇氣也會很快的縮回
去，因而容易變成被動與消極的人。

　　所以，尊重與信任很難，但如果要放手，就必須先學會
它們。

（三）自由與鼓勵

　　孩子要自我主導，所以大人必須給他們足夠的自由，而
在過程中，他們需要的是我們的鼓勵。

　　福祿貝爾[48]相信，人的心性有主動與自愛的衝動，所以
不予干預的教育原則，會比約束或命令更具成效。所以他相
信，經由「自由」和「鼓勵」，可以讓孩子的內在潛能發展出
來。也就是，在「自由」的環境中，兒童被「鼓勵」隨著主
動與自愛的衝動來進行活動，兒童內在的神性才可以「開展」
出來。

　　所謂的自由與鼓勵並不是隨意的自由或任意的鼓勵，而
是鼓勵兒童自由的去動手、去經驗、去探索、去發現，也親
身去體會學習的過程。過程中，孩子除了可以享受學習的快
樂外，也可以更瞭解自己。

---

[48]摘自研究者早年撰寫的文章：張碧如（2005）。福祿貝爾理念應用
於幼兒園生命教育之探討。**幼兒教育年刊**，17，15-33。

貳、大人主導：父母應扮演鷹架

孩子還只是孩子，他們有許多不足及不成熟的地方，所以需要父母的協助與主導，好在父母的鷹架下，達到更高層次的發展。以下，僅就我所思考及運用的大人主導的原則及方法來進行說明。

一、　扮演鷹架的原則

孩子成長過程中應避免盲目尊重孩子，也不能過度主導，所以大人在主導時要適度牽手，也要適度放手。

在「避免盲目尊重」方面，我是個容易盲目尊重孩子的人，所以經常無法提供適切的引導。淑惠因為人際挫折而想逃避芭蕾舞課時，我說好說歹的鼓勵，他還是斷然拒絕，然後我就沒轍了。兩天後一位教學經驗豐富的舞蹈老師跟他說：「我也沒有很喜歡芭蕾，但我知道它的重要性，所以你可以不喜歡，但還是要學。」淑惠接受了老師的建議，之後在課堂中學得非常愉快。孩子的判斷不必然成熟、很容易逃避問題，當太過尊重孩子時，就無法適切的引導，還會讓孩子以為遇到問題可以用拒絕的方式來逃避。老師的堅定說法，反而提供孩子一個遵循的方向。

在「避免過度主導」方面，主要是大人鷹架的扮演必須要有所限度。父母的鷹架角色很重要，但過度強化父母的主導權，可能造成更大的傷害。鷹架是過程，而不是目的；鷹架的最後目的是希望孩子從父母協助中累積能力之後，能有自己的想法與做法，因而不再需要大人。所以大人的引導外，

還需要讓孩子來引導你、說服你、拒絕你。唯有如此，孩子才能勇敢的進行嘗試與超越。

二、扮演鷹架的方法

大人的鷹架很重要，但很多人不必然知道如何扮演。我所運用的鷹架方法，主要是進行觀察與聆聽，以瞭解孩子的協助需要，然後再透過身教示範及對談引導，讓孩子獲得大人的鷹架。

（一）觀察與聆聽：瞭解孩子

每個孩子都不一樣，就算同一個孩子，在不同發展階段的變化也非常大，所以大人必須花時間來陪伴孩子，並透過觀察與聆聽來看到每個孩子的需求及潛能，然後才能基於這個瞭解，而適時、適切的進行協助與引導。

然而，大人經常看不到、聽不到，也就是經常忽略觀察與聆聽。閩南語中常聽到的「有耳沒嘴」就是忽略聆聽的例子；《不是我的錯》[49]繪本中，也呈現了孩子在缺乏觀察下所產生的一個可能傷害孩子的教室場景。因為當我們有先入為主的期望時，會對這個框架以外的東西看不見。

淑惠不愛看書，我將近三年的時間都覺得他不用功，而沒有看到他喜歡用對話的方式來學習，就是一種「看不見」，然後才體會到「看見」原來是這麼難的事。其次，如果大人習慣介入孩子的學習，就很難觀察及聆聽到孩子的需求。當

---

[49] 文---雷.克里斯強森　圖---迪克.史丹伯格　譯---周逸芬（2016）。不是我的錯。台北：和英。

我們介入時，孩子很多表現都不是真實的，而是大人逼出來或幫他們做出來的，那我們就看不到孩子的需求與天賦了。所以，在減少干預的前提下，透過聆聽、觀察來瞭解孩子，才能提供適切的協助。

（二） 身教示範

大人必須提供引導，而引導的最簡單方法，是進行身教，尤其是做示範。

我在任何時間都在進行身教。我是個問題解決能力很強的人，孩子經常在旁邊看，應該有很多體會吧！一個很棒的身教例子是，

四年級寒假到日本時，從成田機場到東京的車上，孩子把我的手機弄掉了（所有旅遊、住宿、機位的訊息都在裡面），我們發現時，已經是在轉車到輕井澤的路上。我決定先繼續輕井澤的行程，再回頭到東京找。我第一次到日本、日語能力不足以溝通，只靠我的英文到處問、到處找，竟然當晚就讓我找回來了。當然，這是因為日本的治安好，但，如果不是我不斷嘗試、尋找方法、到處詢問，也很難這麼迅速的找回來。

整個過程，孩子都在一旁看。他從自責（是他弄掉的），到擔心（我們的所有訊息都在裡面），到想放棄（認為一定找不回來），到生氣（他很累了，我卻還要繼續找），到不可置信（真的找回來），到心悅誠服（我們就這件事

進行對談）。我想，整個過程應該讓他獲得重要的一課吧！
（2017. 1. 17）

　　重視學習的父母，孩子的學習一定不差，這就是身教的重要性。就算孩子還在愛玩的階段，他都知道學習是重要的，當他準備好時，就可以開始重視自己的學習了。例如，很認真的我一直覺得淑惠不懂得努力，但在三年級上學期生活變得太滿時，我希望淑惠考慮減少幾項才藝課，他考慮很久，決定所有課程都要繼續。所以，儘管平常淑惠很不用功，但其實是知道認真學習的重要的。

　　此外，我們的身教隨時在引導孩子的價值觀，所以我們本身必須建立正確的思維及經驗的累積。如果自己沒有效率、無法正向思考、自私自利，如何引導孩子？所以，我很努力的投入在家教育的落實，有人需要協助時會主動介入，希望淑惠能看到一個積極、善良的示範。此外，當我不對時，會跟淑惠道歉，這樣他才能跳脫盲目服從的框架。

（三）言教引導

　　對談是我這兩年經常運用的教育方法，也是鷹架引導的一個重要支撐。在家教育家庭因為跟孩子長時間生活在一起，自然很容易進行對談。但是，談的內容是什麼，就變得非常重要了。

　　身教的重要性已是普遍接受的概念，言教的探討則較少。有學者[50]對言教的重要性及身教的限制做了深入淺出的說明。例如，老師告訴學生過馬路不應該闖紅燈，學生認為沒有人時闖紅燈沒關係，在這種情況下，就算老師身教示範給學生看，學生還是可能繼續闖紅燈。所以，除了身教外，透過言教來導向正確價值觀也是必要的，因為經過說服所建立的理念，才可能成為孩子的價值觀。

　　我認為，身教是一種薰陶、一種影響，在孩子理解力還不夠時，身教是重要的教育方式，但當孩子年齡較大、可以溝通之後，言教可能更實際而有效。例如，讓孩子養成某個習慣，如果孩子不能認同，還是可能在長大後失去這個習慣。所以，透過言教讓孩子先理解、認同，努力養成的這個習慣才能夠長久。

　　孩子喜歡跟我對談，我想可能是我們所談的內容都是生活中真實經歷的事件，孩子容易理解及連結。在對談時，我盡量尊重孩子的想法、盡量不要讓他感受到大人權威，而且盡量彼此溝通想法。這不但讓我們能彼此瞭解，孩子也會因為知道我是為他好，而接受我所扮演的鷹架角色（就算我經常罵他，他也還算心悅誠服）。

[50]林火旺（2010）。為生命找道理。台北：天下雜誌。

第二節　培育目標

　　我經常在思考在家教育的培育目標，也就是孩子真正需要學會的能力是什麼。經過四年的在家教育，發現很多東西不學其實也沒關係，然後才體會，真正要學的東西並不多。而且，基於適性發展的教育原則，每個人的特質都不同，要學的東西也應該不一樣。

　　許多父母對孩子的培育不是知識的養成，就是才藝的訓練，這些培育出來的能力是「魚」，至於什麼是「釣魚」的能力，可能就不是很清楚了。我在一、二年級時重視的許多學習內容，現在看來才發現其實只是魚。為了讓孩子學習如何釣魚，我試圖整理想法，並歸納出我們的培育目標（請參見表5），包括：要培養開創力、要能夠思想、要懂得方法。這些能力很多淑惠都還未達具備，但整理出來後，可以引導我自我檢視，並提醒我可以努力的方向。

表 5：在家教育的培育目標

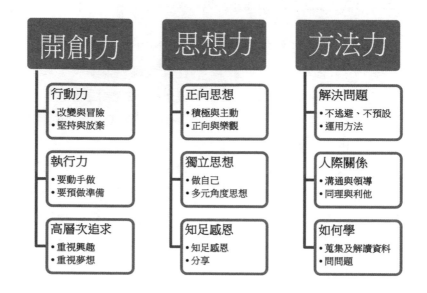

壹、開創力

　　開創力是一種發展可能性的展現，是跳脫框架、探索事物全新做法的一種能力，因此它是一種行動力、執行力的展現。此外，一個人是否具有開創力，對興趣與夢想等高層次需求的態度是關鍵。以下僅就開創力的三個重要特質進行說明。

一、行動力

　　要行動，需要具備勇於改變與冒險、勇於堅持與放棄等特質。

勇於改變與冒險：世界上唯一不變的，是所有事情一定都在變，所以，變其實沒有什麼可怕的，當你用謹慎的心態、調整的步伐慢慢前進時，「變」代表著無限可能。所以，要勇敢的面對改變，不要被自我限制住，因為它可能是冒險，但也代表著一個新的契機，以及一個可能更美好的未來。

此外，一點冒險都不敢的人，其實是冒了最大的風險，因為他總是在錯過機會，最後生命就變得平庸了。有時候生涯規劃會受限於個人最初的經驗和預測，留下空間來冒險，然後給自己夢想成真的機會，會發現生命原來可以比規劃的還要精采。

勇於堅持與放棄：問題不必然可以馬上解決，所以一定要具備堅持，以及不放棄的特質，以便撐到找到解決問題的方法。堅持的能力包括不斷嘗試，以及逐次調整與修正的能力，這需要有樂觀的人生觀，以及要有打不死的勇氣。

堅持特質可以讓你更有耐性、更有韌性，因而撐到最後的成果，但因為不見得所有付出都能有所回饋，除了堅持，還要懂得捨棄。有些人什麼都要爭取，什麼都覺得是他們的權益，這不只是貪心，最後受傷的還可能是自己。所以，不要眷戀你沒有走的那條路吧！不可能所有好處都在你身上，選擇一條路後，就好好享受這條路上的風光，其他的，就捨棄吧！

二、執行力

所有人都應該有執行的能力與習慣、不應成為他人的負擔。執行力的展現包括要養成動手做的習慣，以及，要養成預做準備的特質。

要動手做：動手做是非常重要的。除了學習、工作外，人還要有生活。凡事自己來，才會對生活有感覺、才會瞭解生活的價值，也才能累積自己的能力與自信，甚至才會越來越勤快。所以，當淑惠希望我幫他做事時，我越來越常拒絕，並把自己動手做的好處跟他解釋。此外，最好的執行方法是把握當下；當把握每一個現在時，就不會錯過了。所以，不只要養成動手做的習慣，還必須有馬上做的精神。

要預做準備：預做準備是一種規劃能力。成功的人是要跑在別人前面，後知後覺、不知不覺的人是很難成功的。我不是先知先覺，那就先作準備吧！例如，淑惠還在學街舞時，我們就開始想肚皮舞、拉丁舞；淑惠三年級時，我就開始想國中、高中要怎麼走。主動的想像未來、主動的為未來做準備，可以給自己一個洞燭先機的機會。

三、高層次追求

所有行動都要追求高層次需求（如馬斯洛需求層次中的自我實現[51]），才能跳脫世俗的框架，並開創自己的天空。在

---

51 馬斯洛的需求層次理論包括五大需求層次：生理需求、安全需求、社會需求、尊重需求、自我實現需求。

小學階段，我覺得可以提醒淑惠追求的高層次需求，包括要
重視興趣，以及要勇於做夢。

　　重視興趣：學有興趣的事情才會有熱情、才能持久，也
才能學得快樂。所以，做任何事情時都應該以興趣為考量，
而不是現實。探索自己的重要方式是「總是做有興趣的事」，
當沒興趣，或後來變得沒興趣了的事，就放棄吧，如此不斷
堅持下去，總是能找到自己的興趣與專長。

　　重視夢想：有夢想才能創新；沒有夢想時，就要勇於逐
夢。現在年輕人沒有動力、缺乏目標，因為他們沒有夢想，
或者，沒有做夢的勇氣。曾有個廣告說台北的年輕人不想買
房子的事，只想中午要吃什麼。台北房子貴，但還是有人買，
為何年輕人不能夢想自己是那個買得起房子的人？或許是被
現實擊倒了，也或許是台灣教育從來沒教過大膽做夢、勇敢
落實的種種。我經常問淑惠未來想成為什麼樣的人、想做什
麼事，如果要學音樂，想去哪個國家學（也順便學地理）。希
望透過這些提醒，能讓淑惠思考自己的未來、重視自己的夢
想。

貳、思想力

　　思想，是形成**性格**的重要因素，而一個人的性格，會決
定你的人生。思想是非常有力量的，當你相信你是什麼，你
就會變成什麼樣的人。簡單的說，當有正向的思想能力，才
會形成健康的態度；當有獨立思想的能力，才能得到自由；

當有知足感恩的能力，才會感到快樂。所以，這些都是重要的思想能力。

一、正向思想

有正向思想的能力，才能樂觀、才能勇敢，也才能追求你真正想要的，並勇於取捨。當一個人總是快樂，也習慣快樂，他的思維就會正向，也就能提醒自己跨出憂傷、走向陽光。如果要正向思想，必須具備某些特質。

積極與主動：現在年輕人安於小確幸，可能是從小家長就告訴孩子「要有好成績、要有穩定的工作」，所以當有了好成績、找到了穩定工作，人生目標就達成了，然後就守著這份工作。其實，人生是可以想像與創新的，只要我們能積極去面對、主動去落實。很多人說機會是留給準備好的人，但它更是給積極、主動的人。積極，所以你會去爭取、會去努力；主動，所以你可以跨出自我限制，並挑戰生命的無限可能。

樂觀與幽默：人的一生起起伏伏，當失敗與挫折時，讓你海闊天空的不見得是事情改善了，而是你的想法有了改變，所以，樂觀非常重要。樂觀的一個表現是幽默感，也就是，遇到挫折時，可以自我揶揄、自我調侃。當所有事情都沒什麼大不了的時候，會發現所有絕境，轉個方向就走通了。例如，有一次我掉了幾千元，確定找不到後跟淑惠說，「沒關係啦，雖然掉了錢很難過，但撿到的人會很開心，那就好了啊。」這就是一個樂觀與幽默的例子。所以，掉錢的心情就不會那麼差，然後，就又可以積極、快樂的過人生了。

二、獨立思想

人有獨立的想法，才能跳脫既有價值觀、才能有自由、才能成為有智慧的人，也才能在思想上客觀、合理。要獨立思想，必須先自我解構，也就是要先從好奇、質疑、省思等角度，來重新思想所有事物的面向。幾個我常做的獨立思想包括：

勇於與眾不同：當一個人跳脫「比較」的思維、超越「權威」（或既有價值觀）的限制，才能有「跟別人不一樣」的勇氣，也才能解構想法中的既有框架。人都希望被認同，所以很容易變得聽話、屈服。《被討厭的勇氣》[52]一書就提到，你必須不在意別人的評價、不害怕被人討厭，也不在意付出得不到認同，這樣才能貫徹自己的生活。所以，我盡量提供顛覆思想的身教，希望淑惠能因此看到事物的不同面貌，因而發展多元、彈性的想法，並因此勇於與眾不同。

多元角度思想：要解構想法，必須學習從其他角度來思想問題，這樣才能看到問題的其他層面。一般人都害怕失敗與挫折、都希望不要做白工、都努力的避免犯錯，但這些人們不喜歡的東西，可能是極有價值的。例如，失敗與挫折其實是進步的最佳動力，做了白工才能累積經驗、犯錯才能知道正確的路該怎麼走等。當你能夠這麼想的時候，才能夠海闊天空，也才能越來越正向。

---

[52] 岸見一郎, 古賀史健（2014）。被討厭的勇氣：自我啟發之父「阿德勒」的教導。台北：究竟。

三、知足感恩

知足，才能惜福、才能感恩，也才能真的把別人放在心裡，因而成為一個善良及願意分享的人。

知足與感恩：當你是個知足、感恩的人，就容易與人結善緣，也會有人願意幫助你。知足的人容易滿足、容易快樂；感恩的人容易對世界樂觀。2016 年 7 月的第一銀行提款機盜領案，後來出現一位「柯男」（柯姓男子），就是因為一時貪念而鑄下大錯，可見知足的重要性。事情的好壞經常是因為看的角度不同，當有感恩知足的心時，所有事情才可以美好。為了培養知足感恩的想法，我會感謝所擁有的事物，還會教導淑惠要轉念頭，包括去看所有事物好及不好的一面，以及要能看到好的那一面，並勇敢地相信這個美好的一面。

分享：知足感恩想法的落實，是分享。懂得分享，才容易讓自己成為別人的貴人，也能因此感受世界的美好。有人說，幸福感源自於你的「貢獻度」，可見分享是件非常快樂的事。所以我在看到別人有需求時，會盡力協助，希望透過我的身教，能讓淑惠體會分享的美好。

參、方法力

做事要有方法，當有方法時，**能力**就可以提升，而方法與能力是需要不斷練習的。如果大人在旁引導，可以讓方法與能力的培養更順利。我認為最需要學習的方法能力包括：問題解決能力、人際關係能力，以及如何學習的能力。

一、解決問題

　　孩子的問題解決能力不是天生的，而是需要不斷的練習，包括遇到問題不可以逃避，而要積極、主動面對，以及，在解決問題過程中，要知道運用方法。

　　不設限、不逃避：很多人在遇到問題時會預設立場、會逃避責任，結果問題解決能力就無法發展。孩子在遇到問題時，因為經驗不足、不知如何處理，經常在嘗試前就預設事情不能完成，所以會選擇不處理或逃避。我鼓勵淑惠一定要嘗試，試了還是完成不了，就修正，然後再試試看。我希望他相信，沒有完成不了的事情，只要不斷修正，並堅持下去，所有事情都可以走出它最好的樣子（不見得是原先想的樣子，但一定是最好的樣子）。

　　要運用方法：當有適切的方法，大事可以化小，如果沒有，小事則很可能造成重要影響。換言之，要累積方法，才會有能力去適切的解決問題。方法必須透過觀察、透過嘗試，以及透過一次次的累積，去找出你的做事原則。我主要是利用身教，包括我總是積極主動的面對問題、以及會不斷嘗試各種方法、持續修正，來找出最適切的方式。

二、人際關係

　　人生要順利、快樂，除了要培養問題解決能力外，還要維持良好的人際關係。為了培養人際關係能力，我期望淑惠能有足夠的練習，也從可能的犯錯中去累積經驗。所以我盡量讓他獨自跟他人互動，也會觀察或詢問其互動情形，需要

的話還會進行引導或協助。感謝社區的另一個在家教育家庭（有一對兄妹），淑惠每周二下午會去他們家，所以有長期、固定的同儕互動，也可以體會兄弟姊妹的互動關係。此外，他媽媽讓淑惠教他孩子鋼琴，並給他一些學費，讓他有機會練習教學，也學習如何引導別人、如何負起責任。

我認為淑惠需要的人際關係能力，包括要學習溝通與領導，以及要有同理及利他的氣度等。

溝通與領導：人生會遇到很多問題，透過適切溝通，經常可以把問題處理得很好。我提醒淑惠在溝通時，必須要誠實（不要遇到壓力就想用說謊來逃避）、要站在別人的立場（才不會不自覺的傷害別人）、要提出解決問題的建議（才會讓人家覺得你有誠意）。此外，淑惠喜歡領導，目前也確實呈現出領導的特質，我提醒他當一個領導者應有的特質與想法，包括要把功勞分給大家、要當一個有義氣的人、要聆聽別人的想法等。

同理與利他：要有好的人際關係，就不能只想到自己，而需同理別人、關心別人，甚至要幫助別人，而做到這些的方法，是要有同理心與利他的想法。同理心是之前常跟淑惠談的「要把別人放在心裡」，也就是要站在別人的立場想、要關心別人的感受、要體會別人的困難。利他是大愛的精神，對於「大愛」，淑惠還不能理解，我是繞個彎的解釋。如，你希望別人聽你的話，你要先對他好，要讓他覺得聽你的話很棒；所以最簡單的方法，是隨時愛別人，而且是真的很愛。我還會跟他說，如果別人對你好你就愛他，不好就不愛，那

不是愛，而是交易。父母對孩子或孩子對父母的愛是沒有條件的，當你愛別人也可以這個愛法，那大家都會變得很幸福。

三、「如何學」

　　學什麼很重要，但如何學更是重要。孩子必須學習「如何學」的能力，才能自己進行學習。我覺得最重要的「如何學」的能力，包括蒐集及解讀資料，以及問問題的能力。

　　蒐集及解讀資料：這是個資訊爆炸的時代，所以，在大量資訊中蒐集到你所需要的資料，並透過解讀來瞭解、運用資料是非常重要的。我的資料蒐集、解讀能力都不錯，遇到問題時，會帶著淑惠找資料，然後跟他解釋資料的內容。儘管淑惠的蒐集、解讀資料的能力還不是很好，但因為常常看，應該可以累積相關的印象吧！

　　問問題：問問題，是對既有價值觀有所思考。很多人不敢問問題，是因為怕問得不對，或怕別人知道我們不懂。其實，當有了提問的習慣後，每次提問可以把不懂的問題問到完全清楚，那疑問就會越來越少，知識就會越來越豐富。此外，學習提問可以快速瞭解自己哪裡懂、哪裡不懂，也可以透過提問得到一個答案，進而累積自己的知識與能力，所以是非常重要的。

第九章/後記

本章目錄

　　這本書即將結束了，回想四年在家教育的種種，我只能說我很滿足。陪著淑惠走過他最需要陪伴的四年，讓我看到愈發成熟的他開始有了自己的主見與想法，也準備好要邁向他豐富、有趣的人生了。

　　以下，僅就淑惠的現況來說明在家教育的現階段成果，之後就我個人的學習與成長來說明自我的省思與檢討，最後就這段期間家長們的提問來進行補充。

第一節　孩子的現況

　　四年級下學期開始，直到本書的最後紀錄（2017 年 8 月底），淑惠的轉變非常明顯，似乎進入可以自己來的階段。這段時間淑惠開始喜歡自己安排、自我規劃、自己上課、自己讀書；有時候他會希望我們出門，然後他可以做自己想做的事。淑惠對我的依賴變小了，所以我開始要調適孩子不再需要我的事實，然後體會到「不是孩子離不開大人，而是大人離不開孩子」的感受。

　　這兩年來親子之間有過許多衝突與矛盾。我嘗試放手、淑惠卻做不好，就在放手與鷹架的來來回回中，淑惠的不足與缺點，我的擔心與主導性格等問題都逐一出現。我們在問題的處理過程中慢慢修改與調整，並透過六大教育策略來影響淑惠，最後隱約覺得淑惠似乎如我期望的發展。如果這兩年我沒有陪著淑惠一起度過這些風風雨雨，等他有自己想法

時才想要做引導，可能就來不及了。所以，我非常慶幸這兩年是陪著孩子。

　　以下，僅就淑惠的現況來說明，包括他開始有自己的想法、他似乎真的可以自己來了，以及未來發展的一些不確定性。

壹、孩子有自己的想法

　　四年級下學期初，淑惠開始有了想獨立的想法。

　　2017年3月19日，淑惠第一次自稱是「青少女」。他所謂的青少女，是「十歲到十六歲，可以有自己想法與主張的年紀」。他希望我能讓他自我管理，包括督促自己的學習、維持自己的生活作息、做自己想做的事，以及，他希望我信任他、不要管他，以及不要隨便侵犯他的隱私。

　　似乎淑惠開始有了自主學習的意識，但其實還是有很多不足，而我，當然又得面對自我的掙扎。每次掙扎的最後決定都是要繼續放手、都是要再給淑惠機會、都是要再相信他一次，但失望的次數總是比開心多。

　　首先，淑惠會沒天沒夜的只做他想做的事，而且很多都是我不希望他做的，如一整天看無聊的網路影片，或一整天製作史萊姆，然後不練琴也不做正規的學習。我曾經跟他重新討論上課的定義，好讓他知道如何自我督促。例如，我告訴他早上必須有一個小時的練琴時間（鋼琴、小提琴各練半小時）、一個半小時的課程時間（是比較正規的學習），之後才是他的自主時間（可以做他想做的任何事）。只要他做完該

做的事（練琴及課程），就可以自由地做自己的事了，但如果沒完成，就會被嘮叨。會這麼要求，是因為我還是希望淑惠能在我的引導下做統整性的學習，以及要有負起學習責任的練習。

又例如，淑惠懶得上課，提出看《流言追追追》、《下課花路米》等學習影片來代替課程的建議，被我否決了。我說一個半小時的上課就是要「主動」學習，而不是「被動」的看影片，所以，除非是使用學習平台或我來上課，或他自主的進行英文跟日文的練習、寫日記、抄寫成語，以及看歷史、地理等書籍，否則不能算上課；學習影片則可以在他的自主時間看。

我堅持一定要有練琴及上課時間，淑惠接受了，但他提議要自己來落實。當我真的讓他自己來之後，他不是忘記答應要做的事，就是有他很想做的事而「不得不」犧牲練琴及上課時間。似乎他很想自己來，但總是不行。一個學期下來，總是在「我給他機會，然後他跟我道歉」的循環中。

對照文獻中的自主學習階段，淑惠似乎真的是依循這幾個階段，但分期不是那麼明顯。他想要自己來，也知道信守承諾很重要，但總是無法如規劃的落實，所以很氣自己總是做不到（眼高手低期）。同時，他還是很散漫、房間很骯髒，以及還是無法控制的只做他想做的事，顯得散漫及沒有效率（解放散漫期）。淑惠在自我中心期的特色較不明顯，可能是他較能站在他人立場思考問題吧！

貳、孩子可以自己來了？

　　2017 年六月底，有人送我們很多書。那位人士要搬家，剛好他的孩子進入國中，所以想把國小階段的書清掉；這些書滿新的、品質不錯，數量也相當多。我們把書搬回家、整理完時已經是七月初了。這時，親戚的孩子（之前提到小淑惠三歲的小明）來家裡玩，他跟淑惠碰面就是吵鬧，最後只好同意淑惠待在自己的房間裡。

　　兩個禮拜期間淑惠整天在房間裡，我完全沒管，小明回家之後他才告訴我《地球公民》雜誌非常有趣，他已經在這段期間看了五十幾期了（那位人士給我們一百期的《地球公民》雜誌，截至七月底，總計看了七十幾期）。

　　就在我們忙於照顧小明、無法關注淑惠時，他竟然開始喜歡上看書，真是讓我訝異。孩子的進步經常是在我們不經意之間發生，所以體會到我們需要給孩子時間、需要給他們信任，以及要把放在孩子身上的關注轉移開來。

　　此外，從不喜歡看書，到被動看書，到可以主動投入閱讀，可見淑惠還是具備視覺型的學習風格（作測驗的結果是每一種風格的得分都很接近），以及，他可能不喜歡書籍形式的書，而喜歡看雜誌。孩子的學習真的很難瞭解，所以更要感謝送書的人，是因為他送的《地球公民》雜誌，才讓淑惠開始狂熱於看書。

　　看著孩子開始喜歡看出、慢慢獨立，我真的以孩子為榮，我希望天下所有的父母都有機會能欣賞到孩子的改變與成熟。

參、後續發展的不確定性

在四年級結束前，有幾件事變得相當不確定，包括弄不懂淑惠是否真的可以自主學習、他開始有放棄讀音樂班的念頭，以及他開始要探索舞蹈、繪畫等才藝活動。

一、自主能力的不確定性

在小明離開後、迷上《地球公民》的七月下旬到八月初，淑惠似乎真的開始依規劃的自己上課及練琴了，也就是，似乎開始有自主的能力了。然而，因為有了更多的自主空間，淑惠玩三 C 產品的問題也越趨嚴重。八月 11 日，還發生了爸爸為了遏止淑惠玩手機而摔手機的戲碼。換言之，淑惠的自主學習可能性到底如何，以及未來我們的在家教育又會如何發展，變得很不確定。

雖然不確定淑惠是否具備自主學習的能力，但發現，現在跟他溝通比以前容易很多，包括要求他自己看書時他慢慢可以接受，也開始願意幫忙做家事了，似乎淑惠很清楚該怎麼做、該做什麼，只是還在犯錯，以及還在從犯錯中做快速的修正。

二、持續音樂班的不確定性

四年級下學期中，淑惠曾提到他想放棄讀音樂班；七月中旬，這個議題再度成為我們討論的重點。這時，已經進入本書紀錄結束的時間，未來的發展變得很不確定。

　　淑惠堅持的表示五年級不讀音樂班了,但說不出確切原因,只說有一股莫名的壓力,所以想放棄。他說他還是喜歡音樂、還是會繼續練琴,也還要繼續找老師上課,就只是不去音樂班。

　　我沒有什麼堅持立場,爸爸則從一開始非常反對,到後來願意尊重孩子的決定。我們期望淑惠可以利用八月的時間再謹慎考慮,期間則繼續自己練琴。但,可能是開始有不讀音樂班想法的緣故,淑惠在暑假期間練琴的主動性相當不足。

　　我問淑惠對未來放棄音樂班後的生活規劃,他完全沒有想法,也不急著思考,但決定要繼續自己練琴。當我建議未來以每學期參加一個比賽的方式來給自己練習的動力,淑惠馬上同意。總覺得他的決定有點不負責任,似乎在逃避遭遇的某些困難或壓力,但我們又不知道如何做才是最好的方式。我們會持續討論,並會在八月底做最後決定。如果最後真的決定離開音樂班,那之後的生活可能會有很大的變數。

三、興趣的不確定性

　　在五年級即將開始、我們要調整新學期的課程規劃時,才發現本來興趣就很多的淑惠,開始積極地探索音樂以外的不同興趣領域。從好處來說,淑惠興趣廣泛,而每類學習的成效都還算不錯;但缺點是,他的學習真的是越來越難聚焦了。

　　首先,在暑假前(2017 年 6 月),淑惠開始參加阿卡貝拉歌唱訓練,也決定回到舞蹈才藝教室進行較正規的舞蹈課

程（芭蕾、民族）。暑假期間他買了些學習漫畫的書，並花了很長的時間模仿的畫。八月下旬他說想把自己的素描及水彩基礎奠定好，所以決定要上畫畫課，但因為才藝課真的太多了，他決定日文要自己學、不去上課了。此外，淑惠一直都有在學鋼琴、小提琴、英文等課程，這些零零總總加起來，讓他的學習包括了音樂、舞蹈、畫畫、歌唱、外語等不同領域，也讓未來的發展走向越來越不確定了。

　　我很擔心淑惠什麼都有興趣、什麼都想學的結果，可能會變成「樣樣通、樣樣鬆」，不過，看他信誓旦旦的期盼新學期的新學習，我只能繼續且戰且走了。

第二節　我的學習與成長

　　淑惠對我的依賴變小，讓我有機會將關注轉移到自己身上，並開始思考自己，然後發現，原來我有很多的不足，以及在教育上有很多感嘆。

壹、自我的省思

　　在這四年期間，我義正嚴詞的教育孩子、也洋洋灑灑的把教育過程記錄成書，但在四年即將結束的此時，卻發現原來我有好多不足的地方。

一、我沒有跟孩子一起成長

我花了四年的時間陪孩子學習，但突然想到，怎麼我沒跟著學鋼琴、小提琴呢？怎麼本來就會日語的我，在幾年之後竟然一點都沒進步呢？

第一個可能原因是，我幫孩子做夢，但忘了幫自己做夢。我夢想孩子的外語及音樂好，所以他的外語、音樂真的還不錯，連他不喜歡的閱讀，也因為我的做夢而開始有了興趣。換言之，當有夢想時，就會逐步的去落實，然後生命就會有所改變。問題是，我幫孩子做夢，卻忘了自己也需要一起成長。有夢想是非常重要的，有了夢想，才會有努力的方向，也才會有進步。四年之後，我確實應該好好想想我的夢想到底是什麼了。

第二個可能原因是，當我跟孩子強調跳脫舒適圈的重要性時，我卻躲在自己的舒適圈裡，只做些我很熟悉的事，包括談談教育理念、寫寫書、當當審查委員。我以為我有很好的身教，現在才發現我很會解決問題，但根本沒做好跳脫舒適圈、勇敢等身教。原地踏步的結果，讓我發現自己有多麼的不足。

二、我不知道自己未來要做什麼

四年間，我夢想要做紀錄，也確實寫了兩本書（包括本書），然後呢？說實在的，寫教育時我可以洋洋灑灑，但對於我想要什麼，似乎不太清楚。

首先，我不知道我這個年紀是否還可以有夢想。我都已經過五十了，學習能力已經降低、體能也越來越不行，還能有什麼夢想呢？似乎，把自己熟悉的東西拿出來回饋社會，才是最實際的，但，真的是這樣嗎？

2017 年 6 月 10 日傳出知名導演齊柏林飛機失事的新聞，然後感嘆，有人到 47 歲才決定要實現自己的夢想，而且做得有聲有色。所以，年紀大了，學習力降低了，不表示不能做夢，也不表示只能固守現有的東西。

但，我的夢想是什麼呢？這個問題讓我覺得膽戰心驚，而本書完成後，我又有什麼藉口可以讓自己原地踏步呢？

貳、在教育上的感嘆

在這兩年，我有幾個教育上的省思。

一、我們大人做得真的不夠

2017 年 5 月 26 日，我的「另類教育」研究所課程中有段相當有趣的對話，讓我體會到，我們大人可能沒有盡到教育子女的責任。

甲同學提到，他前幾天電話中鼓勵念大二的女兒要好好珍惜他的第二個暑假，所以希望他能參加學校的一些活動、能有所收穫、能過得有意義一點，他女兒答應了。隔天，女兒跟爸爸通電話，就決定暑假要回家過，不去參加什麼活動了。甲很生氣，但還不知道該如何處理這件事。那他女兒的第一個暑假做了什麼呢？也是留在學校參加活動，但沒感到

充實，只覺得很忙。甲還提到，他女兒一年級時說要跟老師去做什麼活動，後來一直拖，現在說這件事要等到大三時再說，而且變得很不確定的樣子。他覺得他女兒很不積極，又拖拖拉拉，很擔心。

首先，孩子應該也希望能過一個有意義的暑假，所以，第一年他聽了媽媽的建議，第二年也很容易的接受媽媽的說服。然而，他可能不知道該如何過有意義的暑假。第一年暑假他聽從了媽媽的建議，但因為沒有能力將活動內容轉化成有意義的經驗，只覺得很忙，沒感到充實。換言之，他試過媽媽的建議了，但沒有成效，所以第二個暑假決定回家過，是可以理解的。

體制教育的孩子非常會考試，但問題解決能力普遍不足，他們只是聽父母的話，當父母的話行不通時，就卡住了。他們很少面對事件（所有關注都在考試、在成績），經驗本來就很少、能力更是無法累積，等大點，遇到問題時就放著，逃一逃，事情就過去了。所以，找不到有意義的過暑假方法，那就回家吧！孩子一年級說要跟老師參加活動，勢必是遇到困難、無法落實，才會往後拖，甚至後來會不了了之。遇到困難沒能解決，只能往後拖，可見他不具備開創性格，問題解決能力也可能不足。

在體制教育下，這種「懶」、「拖」、「逃」的孩子不是少數，因為他們無法解決問題，只好發展出這些應對方式。課堂中，另一位年輕同學說他也是「懶」、「拖」、「逃」的人，現在也還活得好好的。所以，這樣的人未來不會有大成就，但可以是芸芸眾生，所以也不用擔心。這時候的擔心，只會

增加親子衝突，也可能造成孩子的壓力，讓他認為你不瞭解他的難處。

如果甲還是無法放掉擔心，那就必須積極的做些事。我們的在家教育過程中經歷了非常多的事件，大人在陪伴、在處理事件時，孩子就在不斷累積經驗了。沒有訓練過的孩子在進入大學後，不必然具備問題解決能力，當問題出現時，逃避可能是唯一經常使用的方法。所以，如果甲希望女兒增加問題解決能力，就必須回到陪伴，並在事件中的示範、說明、解決的來龍去脈中累積經驗。之前大人只是把孩子交給學校，學校沒教的東西如果你希望孩子能會，那就必須自己來，回到原點的從頭開始。

問題是，大人是否知道要如何過一個有意義的暑假，以及是否有問題解決的能力呢？「參加學校活動」就能找到有意義的暑假嗎？女兒已經試過了，行不通的，為什麼他還要依循媽媽的建議再做一次呢？此外，去年女兒已經試過媽媽的方法了，沒有效果，怎麼今年甲同學的建議還是一樣呢？是不是他也不知道如何解決孩子暑假該如何過才會有意義的問題。也就是，是不是媽媽的問題解決能力也可能不是很好？

什麼是有意義的暑假？父母該如何引導一個大二的女兒找到「意義」呢？我覺得，「意義」這個東西不是參加活動就能獲得的，這是生命的過程，必須從生命的角度去思考。教育太過功利、這個教育體制下長大的人的思維也會跟著功利，想到的意義追尋方法也很難逃脫功利。所以，很多大人希望孩子過有意義的生活，但大人本身可能也不知道如何找到人生的答案。

在〈放大你的格局，人一輩子要有一次壯遊〉[53]的文章中，焊接工的夫妻帶著兩個中學的孩子去旅行，四個人共同克服困難，這是尋找意義的過程。前幾天看到一篇文章（已忘記出處了），提到一個小六孩子要求的畢業禮物是用腳來環遊台灣。媽媽決定陪他走，並在過程中讓孩子學習處理問題，包括住宿聯繫、行程安排、體能規劃，以及如何長時間的面對完全的孤獨、如何相互依存的體會人的有限。我認為，這些才是追求意義的可能方式。有意義的生命必須從生命的角度去思考，而不是簡單的「叫」孩子去參加活動就能獲得。

換句話說，大人要教育孩子，做的可能真的不夠，以及，大人可能需要更用心。

二、在家教育是需要花錢的

2017 年 4 月，高雄市政府辦理四場在家教育的分區座談，我擔任審查委員。分區座談是由家長來報告他們在家教育的執行狀況及成效，並以此來替代到家訪視；每位審查委員要聽四場，總計有四十多個在家教育家庭執行情形的分享。

聆聽下來，感嘆現在家長對教育真的很用心，包括都願意花時間陪伴孩子學習與成長，也提供豐富的資源，讓孩子參加了非常多元的課程與活動。

---

[53] 陳雅玲（2007）。放大你的格局，人一輩子要有一次壯遊。商業週刊，1004。2017 年 8 月 13 日，取自：
http://blog.xuite.net/fish7031/gft/11699585-%E4%BA%BA%E4%B8%80%E8%BC%A9%E5%AD%90%E8%A6%81%E6%9C%89%E4%B8%80%E6%AC%A1%E5%A3%AF%E9%81%8A

　　最後一場的一個家庭相較之下教育內容非常單一，所以我在報告書上寫了很多建議。活動結束時，突然想跟這位家長聊一聊，然後發現，這位家長也很想提供孩子最好的教育，但他不知道該如何進行，也沒有相關的資訊及資源，而且隱約感覺到他們家的經濟狀況不是很寬鬆。

　　文化資源缺乏的家長也希望能提供孩子最好的教育，社會的弱勢家庭，也需要有其教育選擇的權利。然而，要進行豐富、活潑、多元的在家教育其實要花很多錢，或者要有很多的支持系統（如教會、在家教育群組。連在家教育群組的活動也還是要花很多錢）。父母除了經濟不能太差外，還必須有能力去蒐集、參與、使用這些資源。

　　在家教育是否是有錢人的教育？要進行在家教育，必須有個大人陪著孩子，這就表示家裡的經濟必須由另一個人完全承擔。孩子的學習需要錢，包括補習費、教材費，如果想參加其他活動或營隊，更是一筆筆數量不多，累積起來卻相當可觀的費用。

　　一種可能省錢的在家教育方式，是透過教會的支持。有些人利用教會資源來免費學習鋼琴、外語等花費不算低的課程，甚至有免費的定期團隊活動可以參與。這些教會成員無私的分享，讓資源有機會再重新分配，也讓社經地位較低的人有做在家教育，以及讓他們的孩子接受期望教育方式的機會。所以，宗教團體一直是在家教育的一個重要力量。

　　進行在家教育真的需要很大的花費，所以我開始擔心，在實驗教育三法通過、在家教育慢慢被接受的同時，是否會形成另一種貴族教育，而讓社會正義的目標漸行漸遠。最近

一位申請者是就讀音樂班及資優班，想申請在家教育的原因是要「搶回時間，然後去參加很棒的補習及活動」。家長願意為孩子的教育投入是很棒的，但當在家教育有菁英化的現象時，社會正義的目標恐怕就更難達成了。

三、有些人很貪心

我有個觀念，就是「少即是多」，這在教育上如此，在人生態度上更是如此。我認為，有些人什麼都想要，這其實是最大的危機。

一位在家教育家長提到，基於孩子的受教權，他希望體制教育能體恤在家教育的孩子，讓他們能跟體制內孩子擁有同樣的入學管道。也就是，他不希望他的孩子有任何取捨、任何犧牲。

其實，選擇了一條路後，就不要眷戀另一條路的風光。人生最重要的是把一條路走通、走得精彩，當每一條路都不肯放棄時，可能最後所有的路都走不好。此外，家長的價值觀不斷的在影響孩子，當只能站在自己的立場想，而不能思考體制教育學生的感受時，你的孩子也很難發展同理心。

我覺得，想清楚後，就勇敢走在你選擇的路上，然後義無反顧、沒有後路的把這條路走通，可能才是最好的選擇。

第三節 問與答

　　以下整理這兩年間家長或朋友對在家教育的詢問，希望這些回答，能提供給也想瞭解的家長參考。問題的內容，包括申請階段、教育銜接，以及其他等三個部分。

壹、申請階段的問題

問題：很多在家教育都在共學，我可不可以自己來呢？

　　有人認為共學很重要，確實是，尤其孩子喜歡跟同儕互動，也會因有同儕而有更多的學習動力。我的個性獨來獨往，又希望依自己想法來進行孩子的教育，要找到跟我想法一致的家長很難，所以，當有人可以共學時，何樂而不為？但當喜歡，也習慣自己來時，那就自己來吧！此外，共學難，共遊較容易，如果真的擔心，就從共遊開始吧！

　　我是那種連共遊都不是很積極的人。我覺得活動太多會讓孩子玩到瘋，可能會疏忽生活與學習的節奏性；一、兩天的共遊活動，又會讓學習深度不夠，甚至變得片斷。我希望孩子的學習是有系統的、是可以進階的，或是可以不斷循環的（螺旋式學習法），所以會選擇長期的才藝課程。此外，根據福祿貝爾，孩子分不清工作及遊戲的區別，只要讓他們投入其中，就會喜歡。所以，我比較希望孩子能夠做一些工作成分多一點的活動，而不只是遊戲。

　　但我也要說，在四年級快結束時，發現淑惠的同儕需求越來越明顯，所以我會在很快的未來，思考共學的問題。

問題：孩子沒有表現出學習自主性，適合申請在家教育嗎？

　　我強烈相信「沒有教不會的孩子，只有不會教的父母」。孩子在小學中低年級時，應該是不會表現出學習的自主性（或者說，孩子學習的自主性是我們看不懂的），所以才需要透過在家教育的歷程來獲得。

　　孩子都愛玩，這是他們的生活目標。如果你的孩子沒有很愛學習，表示他可以順著自己的性向跟興趣發展，也表示你的家庭氛圍讓他可以自在的玩。年紀小小就有學習自主性的孩子我才要擔心，他們可能有太強的勝負心、太在乎父母的期望，或太擔心他人的眼光，那麼在未來學習更難、遇到挫折時，可能會發現再怎麼努力都無法勝任，而變得失望、甚至放棄。

　　孩子在這個階段能夠自主學習的唯一可能，是所學的東西是他喜歡的。但，孩子很善變，喜歡的東西也變來變去。其實，興趣是透過探索才看得出來的，一段時間變來變去本來就很正常，而且透過多方接觸，才可以擴大孩子的認知範圍。

　　當一個孩子功課很好，也會自己主動寫功課、不需要大人提醒，就可以申請在家教育了嗎？孩子天生表現出學習的自主性可能是個恩賜，也可能會讓我們忽略引導的必須性。

自主學習不是能力，而是一種態度的表現；態度的學習在國小階段孩子來說，是需要更長的引導與等待的。

此外，所有孩子都可以在家教育，但自主學習不必然是唯一目標。有位唐氏症孩子的在家教育目標是生活能力的養成；一位家長送孩子到韓國參加圍棋訓練，圍棋能力的養成才是他的最大目標。所以，你的在家教育目標是什麼，以及如何達成，可能需要更多的思維。

問題：什麼是我做這個決定的最佳時候？

申請在家教育現在已經不是什麼重大決定了，因為現在的申請非常容易，之後要退回體制也很方便。如果還沒決定是否要在家教育，那就先不要申請，當你覺得你不做會後悔、當你內在的迫切感夠強時，自然會去申請。如果真的錯過了申請期限也不用太擔心，因為每個學期都可以提出，有些縣市還有所謂的隨到隨審的制度。

重點是，是什麼原因讓你猶豫呢？太過謹慎、太過希望不要失敗的人，就能確保不失敗嗎？在家教育是個長時間的過程，需要有跟得與失共存的心理準備。

問題：我想做在家教育，但家人都不支持，怎麼辦？

不是全家都支持在家教育的執行這是很正常的，因為這確實是脫離體制、確實有很多的不確定性。越愛孩子的家庭，可能反對的強度會更高。所以，如果你有這個想法而家人不支持，就要有克服更多困難的心理準備。其實很多家庭都是克服困難才能做在家教育的，連我也是。

　　我的經驗是，你的家人不支持是因為擔心，如果你想做，那就自己做吧，當家人看到在家教育的樣貌時，可能會因為安心而轉而支持，或者至少不會再反對。如果真的遇到太多困難，轉個念頭想或許就可以找到出口了，因為在家教育不是唯一選擇，學校教育也未嘗不是可以培育孩子的地方。不是你選擇了在家教育就一定成功，也不是留在學校體制就一定失敗，重要的是家庭的和諧及大人的陪伴，因為這些才是孩子成長過程中的重要力量。

　　我要說的是，你的困難很多人也都遭遇過，你並不孤獨；這些困難很多人都克服了，我相信你也可以。萬一困難無法克服，轉個想法，可能就海闊天空了。

　　可以選擇時，就勇敢的做選擇，如果不能，那就接受現況，並善用學校的教育資源。就算接受體制教育，孩子在家的時間還是很長，好好珍惜跟他們在一起的時光，一樣可以做出很棒的家庭教育。

問題：在家教育需要幫孩子找尋很多同伴嗎？

　　孩子的人際關係很重要，所以我會讓孩子跟一些朋友互動，但我希望的是穩定的玩伴，因此朋友其實是不需要太多的。孩子在國小階段最穩定的人際關係是父母，其人際關係的學習，父母是最主要的影響來源，所以我經常跟孩子談人際關係的技巧，並提醒他如何與人相處。到國中時，同儕關係可能更重要，所以我已經在思考國中階段要如何幫淑惠找尋共學的對象了。

　　此外，人際互動很重要，但獨立自主的養成也很重要。人生的每個階段都有要面對自己的時候，也唯有面對自己時才能做真正的思考、才能勇敢的面對人生，也才能勇於跟別人不一樣。人際能力的養成較容易，只要找到伴，或大人在旁提醒與協助就可以了，但獨立自主的學習則較難。所以，在訓練人際能力的同時，我還會關心孩子獨處能力的養成。

貳、教育銜接的問題

問題：孩子國中時，你會用同樣的在家教育方式？

　　當孩子經過六年的學習與成長，到國中時，他應該已經有其想法與主張了，所以那時候的教育方式，就不是我能片面決定的了。所以，孩子國中時，我只能「希望」用怎麼樣的教育方式，但決定權，是在孩子。

　　我希望用什麼樣的教育方式呢？我想，國中階段我會重視孩子與同儕的互動學習、會重視學科的學習，以及希望他能有壯遊的練習。

1. 國中要重視同儕互動：國小階段親子關係是塑造其人格的關鍵因素，所以希望維持簡單的人際互動，並以家庭關係為主。國中時，以家庭為主的模式絕對不敷所需，所以我希望孩子能有固定的學習同儕，所以不排除共學，或者到機構式的體制外教育中就讀，甚至回歸體制教育。

2. 國中要重視學科的學習：國小階段要試探自己的興趣與特長，所以可以嘗試各種才藝的學習。到國中階段，孩

子已經從具體運思期進入形式運思期，所以應該要專注在學科的學習，包括知識、常識、理論等。所以我希望國中時，孩子要花更多時間進行學科的學習。

3. 國中要有壯遊的練習：我希望孩子在高中時有壯遊的經驗，可能是到國外念音樂、學語言、旅遊，或到發展落後國家體會付出的可貴。所以，國中時就必須開始練習，包括要能自行安排環島旅遊，或用克難方式來認識台灣這塊土地等。

問題：高中以後你的在家教育規劃為何？

我認為，國小是興趣探索的階段，可以多接觸才藝；國中是知識獲得的階段，應該要用功讀書，以奠定學科基礎；高中則是應用的階段，所以應該要將學習與未來的生活運用做結合，以建立真正的能力。

所以，在高中階段，我希望孩子能盡量將所學應用在生活中。那時候如果淑惠還是對音樂有興趣，我會希望他能盡量找演出的機會，甚至找一份音樂的兼職或專職工作。如果不想以音樂為未來職業了，那就在國內學習一個新的專業，並在學習同時從事相關的真實工作。所以，讀高中職、掛學籍在高中職，或掛學籍在教育處，都是可能的選項。

高中階段之後，我會建議孩子先就業，等有足夠的工作及社會歷練後(至少三五年吧)再來思考是否要繼續讀大學。如果到時候還是喜歡讀書，可以考慮直接讀到高學歷。我認為要獲得學歷不難，只要你想這麼做，這會比嫁人、生小孩要容易得多，而工作的歷練，可能更是重要。

問題：你的孩子會回歸主流教育？如何銜接？

我目前的規劃是不回歸主流教育了。既然走上不一樣的路，就不要想同時擁有兩條路的風景。

為什麼不考慮回歸主流呢？首先是我對學歷並不是太重視。我不是希望孩子學歷低，而是希望他不要為了學歷而去等待；要讀，就要是真的喜歡。真正的能力不是獲得多高的學歷，而是能將書中所學應用在生活中，以及發展出多少能力來幫助別人。此外，對於一個有能力的人，先出去工作，磨練一下，或自己安排到國外念書，對其生涯的長遠影響可能更大。

至於孩子回歸主流時學習落後的問題，我認為在幾年在家教育的訓練後，孩子應該會有自己的想法與主張了。如果回歸主流教育是他的選擇，那他就會為自己的選擇負責任，也會自己去趕上落後的部分。

現在升學率這麼高，在家教育孩子程度其實也不差的狀況下，會問這個問題，應該是希望孩子在回歸主流時，能考上好的學校。我認為，好學校可以培養優秀人才，普通學校也可以，重要的是要訓練孩子在任何環境中都能有所收穫。所以，是否一定要進入某些學校，就不是太重要了。

當孩子進入社會時，如何適應主流生活，包括工作、婚姻、人際交往等，這也是孩子的問題。在家教育的孩子應該不會遇到辛苦的工作就做不下去，可能會是他不喜歡這份工作，所以做不下去。當他找到喜歡的工作時，就會完全投入了。

參、其他

問題：什麼才是最好的教育方式

我不知道什麼是最好的教育方式，但我知道，只要是適合孩子的，就會是好的教育方式。如果再來一次，我會以更寬鬆的方式來落實，而且可能跟德國一樣，讓孩子一到四年級先玩個夠再說。

你問這個問題，是不是希望得到一個「正確」的答案，然後依循這個答案做下去。其實，任何教育方式都是一種實驗，就連學校教育也都是實驗，所以，或許這世界上並沒有所謂最好的教育方式，但你必須把你選擇的方式做出成就。

問題：才藝課的花費很高，如何取捨？

淑惠的花費主要是在才藝課程。當學費越來越高、回來練習的時間越來越少、交通接送越來越辛苦時，我意識到不能無限上綱，所以設了學費的上限。發現這個不經意的要求，後來變成一個很棒的過程。

我的孩子對任何才藝都有興趣，也都學得不錯，當興趣越來越多時，我希望讓他知道資源的有限性、選擇的重要性（他要選擇自己喜歡的），並讓他知道學習不是只靠補習，而必須自學，所以，我訂下了每月學費的上限要求。

剛訂下這個限度時有點擔心，後來發現，當淑惠知道補習費有限度時，真的會開始思考哪些才是他真正要學的，以及會去計算錢的使用。

問題：我擔心我會做得不好，甚至會耽誤孩子的學習

很多人希望給孩子最好的教育，但有研究發現，最有成就的人，經常是那些從辛苦中淬煉出來的，而不必然是受到最好照顧的。所以，父母不用擔心自己做不好，只要盡心盡力，孩子都感受得到。

我跟孩子說，我是第一次當父母，不知道怎麼做才是最好的。我們都不完美，但都在朝向完美的努力中，這才是真正的人生。其實，不需要期待完美。我們的每一次衝突、每次的做夢、每次的努力，只要達到「可以」的成效就好了。當沒有完美主義時，才能不害怕犯錯、不害怕失敗的繼續努力下去。

我沒有要當 100 分媽媽，你對孩子好他會嫌你囉嗦，你對他不好他會嫌你不夠關心，反正孩子在成長過程中對父母一定會有埋怨，所以乾脆不要期待孩子對你滿意（或許這樣孩子才可能對你滿意）。當我不要當 100 分媽媽時，我才能自由，以及在自由之後，才能給孩子最真實的世界。

不追求完美，並讓自己成為一個 85 分的媽媽，或許才是最棒的媽媽。

附件

本章目錄

附件一：三、四年級計畫申請書

（原申請三到六年級，最後只通過兩年）

屏東縣 104 學年度第 1 學期
高級中等以下教育階段非學校型態實驗教育
【個人申請適用】

實驗教育計畫書
計畫時程：104 學年度第一學期～107 學年度第二學期
（民國 104 年八月一日起至民國 108 年七月三十一日止）
（共四個學年）

實驗教育名稱：自主學習在家教育
申請學生姓名：李淑惠
申請學生家長：張碧如
申請實施年級：國小三年級到六年級

中 華 民 國 104 年 四 月

壹、實驗教育目的及方式

一、目的

　　透過較多的家庭互動及家人陪讀，以營造良好家庭氛圍、建立學生人際互動基礎、薰陶品格與習慣，並強化學習型家庭功能。

　　透過提供學生有自我主導、自我規劃與發展的時間，以養成自動自發、負責認真等品格與習慣；高年級時逐步增加主題式課程比重，讓學生可以結合生活與學習、能自主蒐集資料、解決問題，並系統性的深化學習內容。

　　透過音樂/舞蹈課程的學習，可以滿足學生個別化的天賦需求。透過外語課程的學習，可以培養學生的語言工具與技能。透過人文素養的引導，可以培養學生語文能力，以及對歷史的瞭解與關懷。

二、教育方式（請簡要說明採用的方式）

1.在「**生活學習**」方面

　　生活學習的重點，主要重視人際關係、人格培養。在人際關係上，除了同儕互動外，更有與大人互動的練習，符合社會中真實人際互動的情境；此外，重視家人關係的營造，以為人際關係的基礎。在人格培養方面，因為是屬於潛在課程、無法事前規畫，也沒有具體教學方式及成效評量，端看主教者是否重視，以及是否能在生活中點點滴滴落實；目前主要是透過父母在陪伴過程中的提醒、問題發生時/處理後的

分享、父母的身教與言教、歷史故事中的典範說明等來進行。

2.在「**自主學習**」方面

　　自主學習的重點，主要是透過讓學生擁有足夠的時間與自由，以從事自己想做的事情的方式來落實，並希望學生在探索興趣與專長的同時，能養成主動學習、獨立完成、負責認真的能力與態度，也讓學習面向更多元（不受限於父母的經驗）。在低年級與中年級時，學生的自主學習會需要父母陪伴，高年級時期望能自己來，並發展主題式的課程模式。學生自主時如有任何需要，父母須給予支持與協助。

3.在「**學科學習**」方面

　　學科學習的重點，主要包括音樂、外語、人文素養、舞蹈。首先，一、二年級的教育模式重視音樂與語言課程，之後將持續延續。重視音樂是源自學生的音樂敏感度相當好，因此參與鋼琴及小提琴等才藝課程；重視外語是因為兒童現階段適合進行該項學習，因此以父母陪伴、學生自學方式學習日語、閩南語；英語在自學之外，還參加美語才藝課程。其次，在人文素養方面，重視歷史故事的聆聽或閱讀、基本經典的背誦、基礎能力的練習（成語、閱讀、作文），並期望在高年級時，透過音樂史與藝術史的學習與瞭解，對學生有所薰陶。最後，在舞蹈方面，學生二年級時參與坊間舞蹈課程，非常有興趣，之後除繼續學習外，可能轉化為滑冰。

4.在未來規畫方面

　　因為在音樂上的興趣與培養，以及希望孩子能有固定交友，未來規畫考音樂班。如能考上，將參與學校音樂專業課程的學習，基礎課程的學習仍採自學方式（該模式已得到幸福國小的口頭認可）。如未能考上，則三、四年級繼續目前的教育模式，並在父母陪同下，慢慢增加學生自主比重。五、六年級時，為配合學生形式運思期之發展特色，期望增加：（1）數理（抽象學習的開始）、（2）繪畫才藝課程（學生興趣）、（3）科工館探索活動（探索能力的開始）。

貳、學生現況描述

一、請就申請學生的個性、平時興趣、學習態度、人際互動、特殊表現等進行描述：

　　學生對學習有其偏好及想法，所以學習內容是否為其興趣，會顯著影響學習成效；目前對所學的內容還算有興趣，學習也算快樂。專注力很高，因此任何方面的學習表現都算不錯。平時喜歡美的事物，所以會喜歡舞蹈（可以穿美美的舞蹈衣）、喜歡東畫畫西畫畫，也會自己重視穿著。學生音感不錯，只要會唱的歌，或一首新曲子聽個兩、三次，就可以在鋼琴上彈出單音。人際能力不錯，也算能體貼、分享，目前有幾位固定朋友圈，但因為對交友有熱情與需求，並自言想要「很多很多很多朋友」，因此希望能結交更多朋友。

二、請就申請學生的家庭狀況、家庭對學生在家教育的支持進行說明：

　　父親為家庭主夫、母親為學校老師，學生是家中唯一的孩子。家中氛圍和諧且溫馨，父母的教育理念相近，偏向人文學派，因此會尊重學生、會與學生討論，在學習內容的安排上也會考慮其興趣與需求。

　　在學生學習的家庭支持方面，父親本身音樂素養不錯（吉他有專業級演奏能力）、父母的英語能力都可以（母親曾出國留學、父親曾長時間到各國旅遊）、都會一點日文；父母都曾在出版界工作過，父親曾為出版界老闆。父親博學多聞，

喜歡種花、騎腳踏車、探索世間有趣事物，目前為家庭主夫，時間很有彈性。母親為大學中文系畢業，可以支持學生人文素養方面的學習；碩士及博士學位均主攻教育，也從事教育相關工作，可以在教育學生過程中運用更多的學理。

　　目前學生的教育規劃由母親主導，但因本身有工作，在教育執行時父親會配合協助，有時學生也會跟著母親到學校進行自主學習。父母經常會就學生學習情形進行討論，做決定時也會徵詢學生意見。

三、其他補充說明：

　　無

參、課程內容（含學習科目、教材、教法、師資、評量方式）

科目項目		教材	教法	師資	學習評量方式
音樂	鋼琴	如考上音樂班，依學校音樂專業課程之規畫；如未考上，則依才藝班授課教師之規畫來適用教材、教法、師資、評量方式。			
	小提琴	在家由父母陪伴練習，或由學生自主練習（逐年增加學生自主練習比重）			
舞蹈		依才藝班授課教師之規畫來適用教材、教法、師資、評量方式。 在家由學生自主練習，父母扮演鼓勵與支持角色。			
語言	英語	依才藝班授課教師之規畫來適用教材、教法、師資、評量方式。			
		英語圖解字典、英語教材、網路資料	父母陪伴、孩子自學；高年級時慢慢增加自學比重 以英語、閩南語為日常溝通語言 有機會出國練習	具備使用能力	
	日語	日語圖解字典、日本人必說的 125 句、24 小時學日語、網路資料		具備基礎聽說能力	
	閩南語	小叮噹台語教室、網路影片		具備基礎聽說能力	
人文	歷史	吳姐姐講歷史故事、漢聲中國童話故事、說給兒童的中國歷史故事、說給兒童的台灣歷史故事、說給兒	隨時聽故事 父母協助解說歷史 父母協助串連歷史	瞭解歷史內容	

		童的世界歷史故事	學生自行閱讀	
	經典	弟子規、三字經、論語、唐詩宋詞（momo唱唐詩）、禮運大同篇	父母協助解說 父母協助背誦	少數經典理解與背誦
	基本技能	有趣的成語、卡通成語故事（VCD）、其他成語資料。未來逐漸增加閱讀、寫作。	父母協助解說 父母陪伴閱讀寫作 自行閱讀寫作	成語寫字作業
其他	數學	高年級時進行	父母協助 參加活動或才藝課 自我練習	
	藝術	四年級開始進行	參加活動或才藝課 自我練習	
	常識	公視影片、其他	觀看影片、圖書 生活學習	

肆、學習日課程表

		一	二	三	四	五
音樂	9:00-10:30	練琴	學校課程	練琴	練琴	練琴
	11:00-12:30	學校課程	練琴	在家課程（音樂）		
	12:30-2:00	午餐、小睡				
學習	2:00-3:00	在家課程（地理、歷史）			學校課程	學校課程
	3:30-4:30	自主學習（英文、日文）				
才藝	4:50-5:50	英文	英文	英文	英文	
	6:00-7:00	直排	直排	直排	直排	直排
	7:00-8:30	晚餐、洗澡、休閒				
	8:30-9:30	聽故事、看書、聊天、睡覺				

陸、預期成效

1. 建立生活學習習慣、養成良好人格（指標：生活記錄、生活照片）
2. 培養自主學習能力（指標：自我紀錄學習成果-高年級）
3. 培養人際關係與能力
4. 培養音樂能力（指標：鋼琴及小提琴的表現）
5. 培養外語能力（指標：英語、日語的學習內容）
6. 培養人文素養（指標：經典、歷史、成語等學習內容）
7. 培養舞蹈/體能能力（指標：舞蹈或滑冰的表現）
8. 培養數理的基本概念（相關作業或記錄-高年級）
9. 培養美感/藝術的相關技能（相關作業或記錄-高年級）

附件二：三年級學習狀況報告書

**屏東縣 104 學年度高級中等以下教育階段
非學校型態實驗教育 學習狀況報告書**

學生：李淑惠　　學校：美麗國小　　班級：三年九班（9號）

一、104 學年度學習重點與完成事項

（一）學習情形簡述

　　依原計畫返校參與美麗國小音樂班的音樂課程，其他學習則以在家進行為主。基本上，這一年因為一周要到學校四天，雖然每次到校時間都不長，但在家的學習時間的確被切割，造成在家的正式課程減少，正規的學習方式也減少。不過，孩子持續在音樂、外語、人文素養、體能方面投入，而且仍維持相當大的興趣。此外，學生在校表現正常，也與同學互動良好。

（二）學習重點

1. 學校課程：參與學校每周四天的音樂課程（視唱聽寫、音樂欣賞、音樂常識、鋼琴個別課、小提琴個別課、團練），週五因為課程安排在第 0 堂及第 5.6.7 堂，因此周五整天返校。

2. 才藝課程：持續參加英語、日語之才藝課程，以及蘇義峰的課程（青少年舞團、生活數學、纏繞畫）。

3. 爸媽主導課程：生活學習、親子共讀、樂器陪練等。

（三）完成之工作

104 學年度完成的事項主要包括：

三年級上學期		
展演	看表演	● 2015.9.25　NSO 開季音樂會I《呂紹嘉 嚴俊傑與 NSO 高雄》 ● 2015.10.17　《2015 舞采飛揚》蔡孟霙嬰仔舞團年度舞展 ● 2015.10.21 信義國小 105 級舞蹈班畢業舞展《精靈舞宴》 ● 2015.10.30　104 年明正國中舞展 ● 2016.1.8　一位在家教育媽媽的先生的演奏會 ● 2016.1.17　高雄市立交響樂團的演奏會
	演出	● 2015.12.29　開箱測試音樂會 （美麗國小表演）台上掉弓 ● 2015.12.21 與史瓦濟蘭、海地等國小孩合唱聖誕歌曲（領唱） ● 2016.1.7 美麗國小期末考（小提琴）
活動	美麗國小	● 游泳課 2015.9.7、9.14、9.21、10.5 ● 3 年 9 班萬聖節班級活動 2015.10.30 ● 運動會 2015.12.19
	在家教育	● 高雄紙箱體驗活動 2015.11.18 ● 國立台灣歷史博物館（台南）：鉅變與新秩序 2015.12.8 ● 阿拱屋活動 2016.1.10-12（自然生態導覽活動） ● 在家教育聯誼會：2015.11.26（舞蹈、歌唱表演）、2015.12.31

	其他	● 華視文化教育基金會訓練中心 小小星光幫 2016.1.25-29（唱歌學習） ● 台南盃直排輪（花式）比賽 2015.10.25（非台南戶籍，只觀賞、未比賽） ● 家庭生日舞會暨萬聖節慶祝會 2015.10.30 ● 花東之旅 2016.1.29-2.3
課程	才藝課程	● 日語（104.10 再開始） ● 英語 ● 直排輪（暑假開始，12 月停止） ● 捏塑（104.10.16 再回去，3 次後停止） ● 學校器樂個別課（鋼琴、小提琴） ● 額外小提琴課（2015.12 中之後增加）－音樂班小提琴老師有問題 ● 蘇義峰課程：生活數學（104.10 插班）、禪繞畫（2015.11.7 插班）、極峰舞團（104.10.17 甄選）
	家庭課程	● 生活教育：孩子玩，有問題，進行引導 ● 音樂課程：維持音樂的練習 ● 彈性課程：孩子經常出去玩、與不同人接觸
三年級下學期		
展演	參與/觀賞	● 2016.2.21（日）長大前的生日願望音樂劇（教會音樂）。高雄市音樂館 ● 2016.4.2 流浪者的遺產。陳谷榕薩克斯風獨奏會（曾老師伴奏）。 ● 2016.5.18 中華藝術學校影劇科畢業展演（嵐提供的票） ● 2016.5.28 柳暗花明 TLBE Brass 2016 春夏巡迴公演（銅管樂，有戲劇） ● 2016.6.5 台南夢想田史坦威青少年國際鋼琴比賽 ● 2016.6.12 客家五月節 光影世界（謬思室內樂團許老師首席）

	演出/展出	● 2016.5.6 《愛麗絲狂想曲》 嵐街舞年度表演 ● 2016.6.2 美麗國小期末考（鋼琴，小提琴） ● 2016.6.18 美麗國小表演（屏東馬祖廟） ● 2016.7.5 首獎音樂比賽（鋼琴）－鳳新高中演奏廳 ● 蘇義峰 現代舞團演出 ● 蘇義峰 纏繞畫展出
活動	美麗國小	● 2016.3.3 全國學生音樂比賽南區決賽。嘉義（學長姐比賽，三年級觀摩） ● 2016.3.8 校外教學（松田崗農莊之旅--還做了肥皂） ● 2016.3.29 園遊會 ● 2016.7.1-2 美麗國小 105 年度夏季兒童才藝知性之旅（台南） ● 期末考
	在家教育	● 2016.2.5 哇塞哲學營說明會 ● 2016.3.2 大茉莉農場參觀 ● 2016.6.5 台南騎士堡在家教育交流活動 ● 2016.7.4-8 翻轉教育－奇蹟英文夏令營（蘇祥嘉帶領） ● 2016.7.12-14 兒童暑期微電影影音剪輯營（提摩太教會） ● 2016.7.19-20 聽我說故事戲劇營（大冬瓜故事演說團隊） ● 2016.7.28 高雄在家教育家庭聚會 ● 花東之旅； ● 朋友小孩來家住兩個禮拜(2016.8)
課程	才藝課程	● 外語：日語（這學期進入進階班）、英語 ● 音樂：學校個別課（鋼琴、小提琴）。 ● 舞蹈：極峰舞團、嵐街舞教室（2016.2.22 開始）、愛麗絲培訓（2016.2.29 開始）

		● 蘇義峰課程：生活數學、禪繞畫、現代舞團 ● 其他：木工課（很零碎） ● 屏東救國團：游泳夏令營 （7/7.9.12.14.21.23.26.30. and 8/2.4）
家庭 課程		● 教四則運算 ● 閱讀吳姊姊講歷史故事 ● 地圖、下課花路米（國外）、作客他鄉

二、自我檢討

1. 成效顯著：鋼琴進步迅速，也逐漸養成練習的興趣。英語聽力進步，已能進行簡單溝通。狂熱於舞蹈，且能自己找音樂自己練習。

2. 尚未看到成效：練琴仍然無法自我督促，仍需大人叮嚀、陪伴。其他學習的自主性仍不足，可能是年紀還不到。

3. 須加強的：閱讀興趣仍然不高；小提琴的練習動力還是不夠。

三、未來規劃

1. 會繼續朝相同模式前進，包括返校參與音樂課程、參加現有才藝課程、維持現有在家生活模式。

2. 會換小提琴老師，並致力於提升對小提琴的興趣。

3. 不會強求孩子養成閱讀習慣，但會繼續陪伴孩子閱讀。

附件三：四年級學習狀況報告書

屏東縣 **105** 學年度高級中等以下教育階段
非學校型態實驗教育　學習狀況報告書

學生：李淑惠　　　學校：美麗國小　　　班級：四年八班（9號）

一、105 學年度學習重點與完成事項

（一）學習情形簡述

　　持續返校參與美麗國小音樂班的音樂課程、持續參與已有的才藝課程（外語、舞蹈），其他學習則以在家進行為主。這一年持續跟李淑惠進行<u>對談</u>，試圖在價值觀、性格、能力上有所薰陶；嘗試讓李淑惠<u>自主學習</u>，雖然還是無法完全自主，但已清楚瞭解自主學習的重要性及相關精神。李淑惠持續在音樂、外語、人文素養、體能方面投入，也努力探索這個世界的各類知識。李淑惠在校表現正常，也與同學互動良好。這一年比較特別的發展包括：（1）增加德語課程；（2）對科學開始有興趣；（3）開始嘗試自主學習。

（二）學習重點

1.　學校課程：參與學校的音樂課程，包括視唱聽寫、音樂欣賞、音樂常識、鋼琴個別課、小提琴個別課、團練（總

計每周到校 10 堂課）。為了讓李淑惠能與同儕更多互動，週三整個早上都到校。

2.　才藝課程：持續參加英語、日語之才藝課程，以及蘇義峰的課程（爵士舞、芭蕾舞、生活數學、纏繞畫）；四上末增加文藻外語學院推廣部的德語課程（因為是大人的課程，在半年後暫停）。

3.　爸媽主導課程：生活學習（陪伴、對談、規範）、親子時間（閱讀）、樂器陪練、其他學科的學習協助等。

4.　自主學習：仍無法完全自主，但可以在父母陪伴下進行。喜歡結合流行音樂及舞蹈，似乎對科學的學習有興趣（喜歡流言追追追、發現科學、製作史萊姆、Lis 線上教學平台）。

（三）完成之工作

104 學年度完成的事項主要包括：

四年級上學期		
展演	看表演	● 2016.8.15 浪漫與堅持；雄誦管弦樂團表演 ● 2016.10.10 屏東演藝廳開箱測試音樂會 2：極地之光管弦樂團 ● 2016.10.16　105 屏東新故鄉講座系列：天馬行空談心樂－張正傑（演講） ● 2016.12.30（晚）德意志邂逅波希米亞（國立台南藝術大學音樂系管弦樂團音樂會）
	演出	● 2016.7.17 夏日動感表演藝術展：少年舞蹈律動表演展（蘇義峰少年舞團） ● 2016.8.5 屏東市長盃音樂比賽（鋼琴比賽，第五名）

		● 2016.8.28 世紀合唱團獻詩（前金教會） ● 2016.9.9 世紀合唱團「熊大的心冒險/音樂劇」文化中心至善廳（售票演唱會）
活動	美麗國小	● 2016.11.11 全國學生音樂比賽縣內初賽（成績特優，將代表屏東參與全國比賽） ● 2016.12.17 運動會 ● 2016.12.30（下午） 音樂講座：我們為什麼要學音樂。楊佳恬畢業校友。 ● 2017.1.5 期末考（鋼琴、小提琴）
	在家教育	● 2016.12.26-27 參與小草旅人的活動
	其他	● 2016/8/25-27 乘著歌聲的翅膀-2016 世紀合唱夏令營 ● 2016/7/1-2 社團法人屏東縣妙靈兒童文教協會兒童才藝夏令營(學校辦) ● 2017.1.1 高雄路竹控土窯、拔蘿菔 ● 2017.1.17-27 日本行（東京迪士尼、看雪、貓咪及貓頭鷹相處）
課程	才藝課程	● 英文、日文、德文。 ● 鋼琴、小提琴（學校） ● 舞蹈（爵士、芭蕾）、生活數學（一年半，下學期停）、纏繞畫
	家庭課程	● 吳姐姐講歷史故事、地圖、童話、魔鏡公公講歷史故事 ● 古典魔力客、下課花路米、故宮奇航、非常有藝思 ● 流言追追追、發現科學、Lis 網站、好和弦 ● NHK for school、艾琳的挑戰、eBook
● 四年級下學期		
展	參與/	● 2017.2.4 The fenway ensemble 重奏之夜（劉怡

演	觀賞		秀波士頓大學校友七重奏） ● 2017.3.18 江敬業四季小提琴演奏 ● 2017.5.10 美麗國小五音音樂會（音樂方城市） ● 2017.6.11 菲律賓瑪德利加合唱團 台灣巡迴音樂會（下午）（超厲害） ● 2017.6.11 鋼琴大師布赫賓德貝多芬計畫（超厲害）
	演出/ 展出		● 2017.3.3 全國學生音樂比賽 （南區，團體） 美麗國小第六名 ● 2017.5.5 美麗國小四音音樂會（奕萱鋼琴四手聯彈、小提琴獨奏） ● 2017.5.29 衛武營全國音樂大賽（2017 年第 11 屆）小提琴（手指受傷而放棄） ● 2017.7.8 仁愛 30 優秀校友演出(合奏) ● 2017.7.16 蘇義峰舞蹈班表演(爵士、芭蕾)
活動	美麗國小		● 2017.3.6 校外教學（海生館） ● 2017.6.8 音樂班期末考（順利完成） ● 2017.6.20 畢業典禮表演
	在家教育		● 屏東阿卡貝拉種子團員培訓（2017.5.20 甄選；六月開始） ● 親戚孩子來家住兩個禮拜(2017.7.3-7.18) ● 屏東渡假村之旅(那位媽媽，2017.7.3-5)
課程	才藝課程		● 英文、日文、德文（經半年決定放棄）。 ● 鋼琴、小提琴（學校） ● 蘇義峰舞蹈（爵士、芭蕾） ● 2017.6 始蔡孟霓才藝教室系統訓練(芭蕾、民族)
	家庭課程		● 英文（讀出聲音、閱讀）、日文（讀出聲音、聽故事） ● 鋼琴、小提琴：每天各 30 分鐘，慢慢增加中 ● 成語、地理、歷史（中國歷史、世界歷史、西洋美術史）、日記 ● 自己編舞、跳舞

二、自我檢討

　　四年級上學期嘗試讓李淑惠自主學習，也開始重視生活習慣的養成。李淑惠一開始對這個新的嘗試與改變適應並不好，但在半年的混亂後，四下開始各方面慢慢穩定，包括生活習慣漸漸養成，也開始嘗試自主學習了。換言之，四年級可說是從以父母為主導的陪讀教育，進入以孩子為主導的自主學習及生活學習。

1. 學科的學習仍持續進行。音樂的興趣漸漸穩定、外語也開始能聽說讀寫。歷史地理閱讀等的學習速度雖不快，但持續進步中。

2. 學習成果已慢慢具有深度，再來應開始大範圍的接觸各類學習內容。

三、未來規劃

　　目前已開始能自主學習，但仍需要父母協助自主學習的方法與細節。五六年級時，會給李淑惠更大的空間與自主權，並會以鼓勵、讚美的方式，來激勵他的自主學習的落實。

　　會鼓勵李淑惠探索現有學習之外的學習，如數學、科學等，並期望他們開始習慣使用 Khan、NHK for school 等網站進行學習。

　　李淑惠表示想去探索世間的所有事物，因為會以學生主導、父母陪伴的方式進行。至於到底會做什麼，要等待學生慢慢提出來。

附件四：三、四年級成果報告書

**屏東縣 104-105 學年度高級中等以下教育階段
非學校型態實驗教育成果報告書**

實驗教育名稱：自主學習在家教育
申請學生姓名：李淑惠
申請學生家長：張碧如
計畫時程：104 學年度第一學期-105 學年度第二學期
（民國 104 年 8 月 1 日起至民國 106 年 7 月 31 日止，
共兩學年）

壹、在家教育的實施

這兩年的在家教育學習內容，如申請計畫書所示，包括了專業學習、自主學習、生活學習。在執行上，專業學習開始放手，因而淑惠有機會嘗試自主學習，也因為互動不再受限於課堂的形式，而讓生活教育變成學習的重心。

在整理這兩年的生活日誌中，發現共有六大實施方式來落實這三大學習內容，包括：透過放手來練習自主學習、透過父母的鷹架來協助達到更高層次的發展、透過適性的期待與要求來發展潛能、透過生活細節的練習來訓練生活能力、透過生活議題的省思來體會生命不同的思維，以及透過做夢讓世界更廣大。以下分別說明之。

一、放手教育

三年級開始，李淑惠必須去學校及才藝班、時間被切割，因此我們陪伴他的學習時間減少，甚至開始放手。初期，放手教育落實得很辛苦，也就是學習成效不好、經常需要用陪讀來拯救。四上時，開始重視生活教育，在不用功、生活習慣也不好的雙重挫折下，我對李淑惠有很多責備。放手之後，除了自主學習的練習，李淑惠還有許多自我探索，兩年間他先後迷上直排輪、街舞、史萊姆、偶像學園等。四下開始，李淑惠在自主能力及自我探索上都有一些進步，而我也在翻天覆地的自我調適中，發現很多事不做其實也不會怎麼樣。

二、適性教育

　　目前教育的設計都太快、太多、太難，讓孩子學得很辛苦，也可能對學習產生錯誤印象，所以，我希望透過對淑惠的觀察，以及尊重個別差異的心態，來設定對他的要求。

　　適性教育的內容包括三項：教育的設計要依循孩子的發展階段，不要太快或太難，以免產生學習是很難的錯誤印象，也失去對學習的自信。其次，每個孩子學習的過程都不一樣，為了讓他們用最擅長的方式學習，以便學得快樂、學得有自信，就需順應其學習風格。最後，每個孩子的天賦專長都不同，傳統的邏輯思辨教育框架之外，其實很多天賦都是很重要的，所以要去接納他們的多元智能發展。

　　為了讓淑惠能適性發展，我們大人需要瞭解適性教育的內容，也要瞭解孩子，最後還要能尊重他的個別特質。

三、做夢教育

　　我本身是個築夢踏實的人，所以希望將這個做夢的力量傳遞給淑惠。在落實做夢教育之後，發現淑惠的國際觀逐漸擴大，也因為以做夢的方式來探索其生涯夢想，所以淑惠對自己未來的想像是很寬廣的。此外，築夢就一定要踏實，所以我是以身教，讓淑惠看到踏實的過程。

　　在這個做夢教育過程中，我會鼓勵淑惠要勇敢（不要被自己限制住，例如還沒嘗試，就說這是不可能實現的夢想）、要大膽（既然是做夢，就做些偉大的夢吧！人因夢想而偉大耶）、視野要大（夢想不能只關心自己，還必須關心別人；不

只關心國內,還可以跨出國界),心胸要廣(夢想遇到挫折很正常,沒什麼大不了)。我甚至鼓勵淑惠要有一些不切實際的夢想,希望他能體會夢想的意義與偉大。

四、生命教育

之所以會落實生命教育,是希望能藉此訓練淑惠對生命議題的多元思維,並期望因此養成其勇敢、積極、超越等性格。

我們不是很有計畫地進行生命教育,而是在遇到事件時,才會透過對談而提出對生命的多元看法。當淑惠鋼琴比賽失利時,我們針對失敗、挫折、勇氣等進行對談;當淑惠朋友的寵物死亡,以及意識到我們年紀比很多朋友的父母大時,我們針對死亡議題進行說明。期望在生命教育的過程中,不只孩子有機會聆聽大人的意見,我們也有能藉此知道孩子的想法。

五、生活教育

一、二三年級的生活教育,是著重在「要心存善良、要把別人放在心裡、要分享」的三大訴求。這些要求很簡單,淑惠似乎也適應得不錯。

四年級開始,我們重視生活教育的落實。首先,我重視淑惠必須學會處理自己的事,以及一些簡單的家事,並希望他能養成節儉、儉樸、控制金錢花費的習慣。一開始,淑惠希望加強自己的生活能力,所以落實成效顯著,但一段時間後恢復了原來的樣子,需要不斷的提醒。半年後,淑惠對生

活教育的概念越來越清楚，生活能力也越來越好了，但生活習慣的表現還有許多進步空間。

六、鷹架教育

不管在自主學習的練習，或是生活習慣的養成上，淑惠都有許多不足，所以我們會以大人的經驗與想法來進行引導，以扮演鷹架角色。我發現，淑惠的想法不夠成熟，做法的經驗不足。在想法的引導上，主要是希望能引導他能正向思考、能獨立思考、能有同理心；在做法的引導上，主要希望填補他經驗不足、判斷容易錯誤，以及缺乏行動力的缺點。

為了扮演鷹架，我們在陪伴與觀察淑惠的過程中，會運用言教與身教來引導。因為每天生活在一起，對談的機會非常多，算是鷹架角色的重要落實方式。此外，我們會要求淑惠晚上早點上床，以便有多一點對談時間，所以算是經常進行對談的。

貳、在家教育的成果

在這六個在家教育的落實過程之後，檢視淑惠的教育成果如下：

1. 放手教育：淑惠自制力進步很多，算是可以開始獨立自主學習、自我探索。

2. 適性教育：淑惠是聽覺型學習風格，且呈顯音樂、自省方面的多元智能。

3. 做夢教育：尚未有明顯成效，但持續進行，希望對淑惠有長遠的影響。

4. 生命教育：淑惠對失敗、勇敢、死亡等生命議題有過深入探討及體會。

5. 生活教育：淑惠生活習慣稍有進步，仍需提醒，也仍有很大的進步空間。

6. 鷹架教育：淑惠獲得父母言教與身教的引導，越顯成熟。

附件五：經常使用的學習資源

學習網站

1. 艾琳的挑戰（日文，詳細介紹日本文化）
    https://www.erin.ne.jp/zh/
2. NHK for school（日文，有各科學習）
    http://www.nhk.or.jp/school/
3. 均一教育平台（數學、音樂）
    https://www.junyiacademy.org/
4. Lis 線上教學平台（科學）
    https://lis.org.tw/
5. 好和弦（音樂）
    https://www.youtube.com/channel/UCVXstWyJeO6
    No3jYELxYrjg
6. 阿滴英文（英文）
    https://www.youtube.com/channel/UCeo3JwE3Hez
    UWFdVcehQk9Q

學習影片

1. 公視電視節目：流言追追追、下課花路米、小主播
    看天下、非常有藝思、故宮奇航、古典魔力客（後
    三套我們有購買，其他都是在網路上觀看）
2. 其他節目：發現科學（台視）、科學再發現（民視）

圖書

外語	● ABC 英語故事袋 系列（Live ABC） ● 我的英語閱讀花園 系列（Live ABC） ● 日本經典童話故事（笛藤） ……
人文素養	● 地圖（小天下） ● 中國歷史地圖（螢火蟲） ● 啊哈！圖解影響世界的 21 場戰爭（三采文化） ● 啊哈！圖解影響世界的 20 個國家（三采文化） ● 啊哈！圖解影響世界的 52 件大事（三采文化） ● 孩子的世界歷史大地圖（野人） ● 我的故宮欣賞書（小天下） ● 出發！環遊台灣大探險（小光點） ……
漫畫	● 上吧！漫畫達人必修課:突破 101 個繪畫盲點(楓書坊) ● 上吧！漫畫達人必修課：自創超人氣腳色（楓書坊） ● 超萌 Q 版角色漫畫技法：從比例、表情動作到上色技巧全解析！（東販） ● 超級漫畫百科 5000 例 服裝篇（楓書坊） ● 活靈活現 漫畫人物表情技巧書（瑞昇） ● 彩色原子筆創意畫（桔子） ● 啊！創意原來這樣畫（桔子） ……
兒童雜誌	● 未來兒童雜誌 ● 地球公民雜誌 ……
其他	● 黃阿瑪的後宮生活系列：阿瑪建國史、後宮交換日記、被貓咪包圍的日子（布克文化）。 ……

國家圖書館出版品預行編目(CIP)資料

放手後,教育才開始精彩 : 陪讀以外的在家教
育生活樣貌 / 張碧如作. -- 初版. -- 臺中
市 : 鑫富樂文教, 2017.12
　　　面 ;　　公分
　ISBN 978-986-93065-5-3(平裝)
　1.在家教育 2.親職教育

528.1
　　　　　　　　　　　　　　　106020135

放手後，教育才開始精彩

--陪讀以外的 在家教育生活樣貌

作者：張碧如
編輯校對：張碧如
美術設計：田小蓉、郝定慧、林大田

出版發行：鑫富樂文教事業有限公司
地址：402 台中市南區南陽街 77 號 1 樓
電話：(04)2260-9293　　傳真：(04)2260-7762
總經銷：紅螞蟻圖書有限公司
地址：114 台北市內湖區舊宗路二段 121 巷 19 號
電話：(02)2795-3656　　傳真：(02)2795-4100

有著作權・侵害必究 Printed in Taiwan
出版公司網站：www.happybookp.com

定　價◎新台幣 350 元
2017 年 12 月 01 日　初版一刷
本書內頁版權歸屬於作者，內容權責由作者自負